L’acupuncture

Dans la collection Eyrolles Pratique :

- *Mieux vivre la ménopause*, Dr Roland Cachelou
- *Le yoga au quotidien*, Françoise Colombo
- *Manger équilibré, c'est facile !*, Catherine Chegrani-Conan
- *Mieux vivre avec le Yi King*, Marie-Noëlle Doublet
- *Le nouveau Feng Shui,* Martine Evraud et Sarah le Hardy
- *Vaincre le stress, la dépression,* Dr Patrick Georges
- *Vaincre le mal de dos, la sciatique,* Dr Patrick Georges
- *Stop à la cigarette !*, Dr Ghéorghiï Grigorieff
- *Tabac : arrêter sans grossir*, Dr Ghéorghiï Grigorieff et Sébastien Bailly
- *L'acupuncture,* Dr Ghéorghiï Grigorieff
- *Mieux communiquer avec son médecin traitant*, Dr Ghéorghiï Grigorieff
- *L'aromathérapie*, Nelly Grosjean
- *La phytothérapie*, Anne-Sophie Nogaret-Ehrhart
- *L'ostéopathie*, Pascal Pilate
- *Les drogues*, Yasmina Salmandjee
- *Piercings et tatouages*, Yasmina Salmandjee
- *Homéopathie et sexualité*, Dr Dominique-Jean Sayous
- *L'homéopathie*, Catherine Trouvé

Docteur Ghéorghiï Grigorieff

L'acupuncture

Des aiguilles à l'automassage des points chinois

Deuxième édition

Deuxième tirage 2008

EYROLLES

Éditions Eyrolles
61, Bld Saint-Germain
75240 Paris Cedex 05
www.editions-eyrolles.com

Direction de la collection « Eyrolles Pratique » : gheorghi@grigorieff.com
Maquette intérieure et mise en page : M2M
Illustrations : Nicolas Thomisse

Pour les adresses des acupuncteurs, voir pages 237-238

ISBN : 978-2-212-53823-6

Sommaire

Introduction

L'homme d'aujourd'hui n'accepte plus la maladie et la douleur. Lorsqu'il souffre, il désire connaître la cause de sa douleur et il en demande une explication scientifique. Il n'en était pas ainsi dans les premiers temps : le combat pour la vie était constant et la douleur une fidèle compagne de tous les instants. La lutte contre le monde extérieur était permanente : rien n'était épargné à l'homme, ni les bêtes sauvages, ni la pluie, ni le vent. Le rythme de sa vie et le rythme des saisons s'harmonisaient : l'été le travail, l'hiver le repos.

Lorsqu'une maladie le frappait, il en attribuait l'origine à une cause extérieure, à quelque démon. Puisqu'il s'agissait de démons, il devait être possible d'obtenir leur clémence par des dons, des sacrifices, des implorations. Les démons venant du ciel ou de la terre, il était nécessaire de se les concilier, et cela en vivant à leur rythme. Observant certains conflits du ciel (les orages) et de la terre (les tremblements), l'homme se considéra comme une antenne dressée entre ciel et terre. Habitué aux agressions externes, il ne pouvait concevoir la maladie autrement que provoquée par une influence extérieure et il se mit à étudier l'influence de la terre et du cosmos sur les maladies. Ce qu'il en déduisit nous surprend aujourd'hui par la rigueur et la vérité de son raisonnement.

Il constata qu'il est des maladies qui ne se déclarent que durant certaines périodes de l'année (et nous savons que les ulcères gastriques, par exemple, sont plus fréquents durant les mois d'automne) ; il constata également que certaines maladies apparaissent plus volontiers à des moments déterminés du cycle solaire (et nous savons aussi que les crises d'asthme se déclarent de préférence la nuit). Comment, il apprit que la d'asthme se déclarent de préférence la nuit). Comment, il apprit que la stimulation de points particuliers situés sur la peau supprime la douleur et guérit les maladies, nous ne le saurons jamais ; mais il nous faut admirer que plusieurs milliers d'années avant la venue de l'ère commune, des hommes avaient structuré des connaissances portant sur les saisons, les heures, les planètes et l'humain en un ensemble cohérent de données, et utilisaient ce savoir pour guérir les maladies et, mieux encore, pour les prévenir.

Ce savoir millénaire porte le nom d'**acupuncture**. Nos connaissances scientifiques se développant, cette médecine du fond des âges, loin d'apparaître comme désuète et caduque trouve, au contraire, chaque jour, une actualité nouvelle.

Les ambitions de ce volume

Notre désir est d'initier le lecteur à ce savoir merveilleux qui s'exprime dans l'acupuncture. Le mode de pensée et de raisonnement y est très particulier mais nous espérons, en écartant le symbolisme des mots, en dévoilant le mystère de la pensée, laisser entrevoir l'extraordinaire logique et la remarquable efficacité de cette médecine chinoise. Si l'acupuncture traditionnelle reste du domaine du médecin spécialiste, il existe une technique dérivée de celle-ci dont chacun peut profiter : la pression ou le **massage des points chinois**. Cette méthode a reçu des noms divers et nous en discuterons dans le corps de l'ouvrage ; retenons pour l'instant, celui d'**acupressing**.

Le lecteur découvrira dans ce petit volume comment de l'acupuncture traditionnelle on arrive à l'acupressing et qu'actuellement, cette méthode est utilisée comme complément, dans de nombreux hôpitaux réputés, en France et ailleurs.

Le génie d'un peuple s'exprime souvent différemment et, sans pour autant généraliser, on peut affirmer que si l'Occident aime appliquer, l'Orient aime décrire. L'esprit scientifique, lui, aime expliquer. C'est autour de ces trois pôles de la connaissance que nous centrerons notre recherche.

Introduction

La première partie — orientale — sera consacrée à la description de l'acupuncture. Nous insisterons essentiellement sur l'aspect logique de cette médecine. Au survol rapide de ses mécanismes fondamentaux, on pourrait dire de sa physiologie, nous ajouterons une vue globale de la situation médicale en Chine ancienne.

La seconde partie — occidentale — sera consacrée à la pratique du massage chinois. Le petit guide de **tao** (ce mot trouve sa définition plus loin) quotidien, que forme cette autre partie, vous sera très utile pour soigner les nombreux malaises de la vie quotidienne.

La dernière partie — scientifique — est réservée aux curieux et aux sceptiques. Nous espérons ces lecteurs fort nombreux !

L'acupuncture scientifique est fort récente mais les découvertes de ces dernières années en font espérer un rapide développement. Les Écoles occidentales d'acupuncture (françaises, japonaises et américaines) jouent un rôle très important et tout laisse croire que l'esprit de recherche y est encore vif.

L'ouvrage contient en outre un petit glossaire chinois-français, une table chronologique, des notes ainsi qu'une bibliographie réservée aux lecteurs chez qui ce modeste ouvrage a éveillé, mais sans la satisfaire, une légitime curiosité.

Les divers tableaux explicatifs ont été groupés en un bloc unique dans les annexes de ce volume. Nous en recommandons au lecteur la consultation régulière, ceci l'aidera dans sa lecture. Pour terminer, signalons que « la médecine chinoise est, à toutes ses périodes, intimement mêlée à la philosophie, à la religion, voire à la magie, à l'alchimie, à l'astrologie et à la géomancie (...). Elle ne peut être pleinement comprise que comme un des facteurs de la culture chinoise et replacée, à son rang hiérarchique, dans l'encyclopédie de la Sagesse et du Savoir qui, en Extrême-Orient, ne font qu'un » (Huard, 43-7)*.

Le lecteur ne s'étonnera donc pas de trouver dans cet ouvrage consacré à l'acupuncture et à l'acupressing, de très nombreuses digressions ; elles seules sont capables de placer la sagesse que nous voulons transmettre dans le cadre qui lui revient.

* Les numéros renvoient à la bibliographie. Le premier chiffre indique la référence bibliographique, le second se rapporte à la page de l'ouvrage référencé.

Première partie

L'Orient ou les mille et une merveilles de l'acupuncture

CHAPITRE 1

Origine et histoire de l'acupuncture

L'origine réelle de l'acupuncture restera sans doute à jamais un mystère. Les écrits traditionnels chinois datent de plusieurs milliers d'années. D'autres, relativement plus récents, nous viennent de Corée, du Viêt Nam, du Japon, de l'Inde. Les historiens de la médecine savent également que dans de nombreuses peuplades africaines on utilise, pour soigner les malades, depuis des temps immémoriaux, certaines techniques, proches de l'acupuncture. Ainsi, dans le désert tunisien, les chameliers stimulent, en cas de maladie, certaines parties du corps du chameau. D'où leur vient ce savoir ? Il y a aussi un geste instinctif, d'utilisation quotidienne, qui consiste à masser les endroits malades. La mère procède ainsi pour son enfant souffrant, l'animal se lèche en cas de maladie, et chacun de nous agit de même lorsqu'il a mal. En présence d'un être qui souffre (homme ou animal) instinctivement nous le caressons, le massons. Ce réflexe de soulagement n'explique cependant pas comment les premiers médecins ont découvert que le massage pouvait, et souvent même devait, être pratiqué loin de l'endroit malade. Le mystère reste donc entier. Nous possédons, actuellement, plusieurs ouvrages anciens consacrés à l'acupuncture. Ces ouvrages ne sont cependant pas, comme on pourrait le supposer, des ouvrages dédiés exclusivement à cette technique. Celle-ci s'intègre, nous l'avons déjà dit, dans un ensemble de considérations portant sur l'homme en général. Les trois ouvrages principaux du savoir médical chinois antique sont le *Nei Tching Sou Wen*[1] (*Traité de physiologie*), le *Nan-King* (*Des difficultés*) et le *Sou Wein Tsre Tchou* (*Commentaire du Sou Wen*). Ces ouvrages font autorité et sont la principale source de notre savoir.*

* Pour toutes les notes de cet ouvrage, voir en fin de volume.

Cependant, ils apparaissent comme incomplets, rédigés dans un style télégraphique et c'est ce qui a fait dire à un acupuncteur français qu'il s'agit, vraisemblablement, de notes d'étudiants, de cahiers d'écoliers, de moyens mnémotechniques. Le véritable savoir ayant été perdu, détruit. L'absence du manuel de base explique les nombreuses lacunes, les points obscurs, les imprécisions d'un enseignement, par ailleurs, extrêmement logique et structuré.

L'Empereur Jaune

La tradition fait remonter l'origine de l'acupuncture à un Empereur chinois, Houang-Ti, l'Empereur Jaune. Houang-Ti, vivait 2 600 ans avant l'ère commune (c'est-à-dire qu'il était un contemporain de Bouddha), c'est le père du peuple chinois. Avec lui commence réellement la première dynastie chinoise, celle des Hia, et c'est sous son règne que furent découvertes, selon la tradition, la boussole, l'écriture chinoise, la roue, l'utilisation du bronze, etc. C'est sous son empire également que fut écrit l'ouvrage de base de l'acupuncture, dont nous parlions plus haut, le *Nei Tching Soug Wen*. On y apprend que, depuis l'Antiquité, les Chinois utilisaient pour soigner les maladies des tiges de bambou et des poinçons de pierre (silex et jade) et que, maintenant, avec la découverte du métal, les anciennes aiguilles sont remplacées par des aiguilles d'acier[2]. Plusieurs autres ouvrages, sur lesquels il serait inutile de s'attarder ici, sont composés au cours des siècles et l'acupuncture s'enrichit d'autres techniques médicales telles que la pulsologie, la phytothérapie, etc. On arrive ainsi, grâce au bond que permet le récit, au troisième siècle (avant l'è.c.) : siècle des lumières et de la désolation. Le roi Tcheng unifie les petits royaumes qui constituaient la Chine et prend le titre de Cheu Houang, Premier Empereur. Ce César chinois unifie la Chine du point de vue politique, militaire, social et intellectuel. Sous sa domination les nombreux caractères d'écriture sont uniformisés. Son travail social fut également considérable : construction de routes, de barrages, lutte contre les inondations, etc.[3]

Malheureusement, son règne dégénérera vite en une dictature ; il transforma ainsi les lettrés en fonctionnaires qui deviennent des opposants au régime. Pour vaincre cette opposition, son ministre de la culture (celui qui unifia les caractères chinois) fit brûler tous les livres classiques, prétendant qu'il fallait faire table rase du passé.

Cet autodafé de livres, provoqua la disparition définitive de nombreux ouvrages ; c'est ainsi qu'aujourd'hui la consultation des livres rescapés est rendue particulièrement difficile. On pense que les lettrés connaissaient les livres de mémoire et purent ainsi les reconstituer après leur destruction.

L'Homme de cuivre

La dynastie suivante, celle des Han, qui dura jusqu'à notre ère, vit se développer une importante étude de l'acupuncture. Les livres sauvés de l'autodafé furent retranscrits, réétudiés ; l'acupuncture fut enseignée dans des écoles et sanctionnée par des examens. On fit couler l'**Homme de cuivre** (Tong Jen, 1027), statue qui représente l'homme debout, grandeur nature, le corps percé de multiples trous aux emplacements des points d'acupuncture. L'élève étudiait sur cette statue l'emplacement des points et, lorsqu'il les connaissait bien, présentait l'examen. Pour celui-ci, l'étudiant recevait une reproduction réduite de la statue de cuivre mais dont les points étaient bouchés avec de la cire. La statue devenue parfaitement lisse était alors recouverte intimement de papier et l'élève devait planter l'aiguille dans le point demandé. Si l'aiguille rencontrait le métal, l'élève était ajourné. Actuellement en Chine, Tong Jen est remplacé par une statue, également grandeur nature, mais remplie d'eau. Si l'élève vise juste il est récompensé par une petite fontaine. Parfois, semble-t-il l'eau est remplacée par un liquide coloré et l'importance des taches sur le tablier révèle le bon acupuncteur. En Europe, l'étudiant en médecine, durant les premières années aime également porter une blouse blanche maculée ; preuve qu'il exerce déjà. D'abord didactique, cette statue est devenue par la suite, suivant la formule de Lavier, le premier expert en médecine légale. Ainsi, si le malade ne guérissait pas ou même décédait, suite à l'intervention de l'acupuncteur, la famille avait souvent recours au tribunal. Le Révérend Père Leroy raconte dans son ouvrage, *En Chine*, la façon dont se déroulait le procès : « la discussion n'est pas longue. Deux questions sont posées : quelle était la maladie ? Comment avez-vous pratiqué l'acupuncture ? Frappez le mannequin où vous avez piqué le malade. L'opération finie, on soulève les voiles de papier. Si la piqûre correspond à la maladie, c'est bien ; le mort lui-même aurait tort de se plaindre ; sinon, le médecin paie son ignorance ou sa maladresse de sa bourse ou même sur sa peau, car on lui applique, séance tenante, quelques centaines de coups de bâton. » (Lavier 47-213)

Le danger de soigner les malades incitait certains médecins à ne soigner que les bien portants. La découverte de la valeur des pouls allait le leur permettre. Nous décrirons plus loin les enseignements de la pulsologie ; soulignons, ici, simplement, qu'en cas d'atteinte d'un organe, le pouls est perturbé bien avant que la maladie ne se déclare. La médecine pouvait donc devenir prophylactique.

L'« abonnement » médical

Ainsi les Chinois se rendaient-ils régulièrement chez le médecin ; il devint de tradition de consulter l'homme de l'art lors de chaque changement de saison. Il est curieux de constater qu'aujourd'hui encore, à ces époques, la clientèle des médecins s'accroît durant quelques jours ! Le rôle du médecin était donc de prévenir l'apparition de la maladie et le malade souscrivait une sorte d'abonnement. Ceci déboucha sur une curieuse pratique : on n'honorait le médecin que lorsque la santé était parfaite. S'il survenait une maladie, le médecin, qui aurait dû la prévoir, en était responsable ; non seulement il n'était plus honoré mais, souvent même, il devait rembourser les médicaments nécessaires. Contrairement à ce qui existe aujourd'hui où le contrat médical crée une obligation de moyens (c'est-à-dire que le médecin doit mettre en œuvre toutes les possibilités qui lui sont offertes par la science sans pouvoir jamais garantir le résultat : le diagnostic précis ou la guérison), le contrat chinois créait, lui, une obligation de résultat.

Les jésuites en Chine

Jusqu'au XVIIe siècle, la Chine fait peu parler d'elle [4]. Les Chinois ignorent les barbares blancs et l'Empire du Milieu se suffit à lui-même. Tout au plus, certains pays limitrophes bénéficient des acquis de la médecine chinoise. L'arrivée des missions religieuses d'abord, puis scientifiques, économiques et militaires, modifie la douce quiétude du monde chinois. L'influence des missions religieuses, et principalement des jésuites, sera extrêmement importante pour notre connaissance de l'Orient : leurs ouvrages, les premiers consacrés à la Chine, ont instruit l'Europe. Sans eux notre connaissance de l'Empire du Milieu serait, certainement, moindre. L'influence des jésuites en Chine a fait l'objet de nombreuses études et nous n'en discuterons donc pas ici, si ce n'est pour signaler qu'en 1692, l'Empereur K'ang Hi, dont nous aurons l'occasion de reparler dans ce volume, appose son sceau sur un document qui délivre la religion chrétienne de l'esclavage où elle avait gémi plus d'un siècle et du joug que l'Empereur lui-même lui avait imposé durant sa minorité. Grâce à cet édit, les jésuites, enfin libres en Chine, essayent de s'intégrer, le mieux possible, aux mœurs chinoises et obtiennent de Rome l'autorisation de porter les cheveux longs et une barbiche à la chinoise. Comme ils adoptent également les habits des lettrés confucéens, il devient difficile de les distinguer des dignitaires chinois ; par contre ils se démarquent aisément des moines bouddhistes (ce qui était leur désir !). Dans une lettre de Chine, adressée en 1722 à son correspondant occidental, le Père Jacques, décrit son nouvel équipement : « Une barbe de deux ans, une tête entièrement rasée, excepté dans le seul endroit où les ecclésiastiques en Europe portent la tonsure, des habits tels qu'on ne se les figure point. Je n'avais pas jusqu'ici des idées justes sur le vêtement des missionnaires de la Chine : je m'imaginais qu'ils avaient une manière particulière de se vêtir qui les distinguait des Chinois. Je me suis trompé : notre habit est ici l'habit des honnêtes gens ; j'en exclus les bonzes, qui ne portent pas l'habit commun, et qu'on met au rang de la vile canaille. (*Lettres édifiantes et curieuses de Chine*, 77-227) [5]. D'autres congrégations religieuses s'installent également en Chine et consacrent beaucoup d'efforts à l'étude de la civilisation chinoise. Ainsi, le Père de Rada ramène en Europe une importante bibliothèque de plus de cent volumes. C'est sur la base du voyage du Père de Rada et de ces documents que Gonzalez de Mendosa[6] rédigea son célèbre ouvrage. Notons que malgré l'estime dont jouissaient les savants européens, ils n'en étaient pas moins considérés comme des barbares ; pour preuve, l'extrait du discours prononcé, en 1793, par l'Empereur K'ien-Long accueillant lord Macartney, l'envoyé du roi George III d'Angleterre : « Il est connu que votre pays est situé à l'autre extrémité des océans, mais que vous souhaitez humblement vous initier à la Civilisation et que votre envoyé s'est rendu à cette Cour afin de se prosterner devant le fils du Ciel et de le féliciter à l'occasion de son anniversaire. Une telle humilité et ce respect méritent notre approbation. En réponse votre ambassadeur vous transmettra notre désir que votre pays d'au-delà des mers manifeste son loyalisme envers l'Empire Céleste et lui jure perpétuelle obéissance... ».

L'acupuncture en Chine

Jusqu'en 1822, date de la suppression des Facultés d'Acupuncture, cette thérapie est très répandue en Chine mais elle n'est pas, et loin de là, la seule forme de médecine. Signalons simplement, puisque tel n'est pas le propos de ce livre, la phytothérapie (ou médecine par les plantes), le massage (dont dérive en pratique l'acupressing), la gymnastique (le T'ai Tchi-Chuan), la diététique, la sexologie (dont nous dirons quelques mots plus loin), la gynécologie, etc. De 1822 à l'arrivée de Mao Tse Toung, l'acupuncture est pratiquée, mais ne donne lieu à aucune recherche et les Chinois en ont même un peu honte. Les techniques occidentales s'infiltrent en Chine et l'acupuncture est délaissée. Après la révolution chinoise et l'amélioration des conditions de vie du peuple, le manque de médecins se fait cruellement sentir. Les campagnes en sont totalement dépourvues, et le pouvoir dirigeant décide la seule mesure capable d'assurer une couverture médicale rapide à un aussi vaste territoire : il remet l'acupuncture à l'honneur et ordonne la formation accélérée de travailleurs de la santé[7]. Ceux-ci, connus sous le nom de « médecins aux pieds nus », reçoivent un enseignement rapide, tant en acupuncture qu'en médecine classique. Le champ d'application de l'acupuncture devient ainsi énorme et les résultats ne se font pas attendre. C'est tout d'abord la découverte (en 1960) de l'anesthésie par acupuncture qui sidère le monde entier, ensuite ce sont de très nombreux travaux scientifiques dont l'essentiel fut présenté aux Symposia de Pékin, en 1979. Nous consacrerons quelques lignes à l'anesthésie dans la troisième partie de ce volume.

Actuellement, l'acupuncture est utilisée en Chine conjointement avec la médecine classique.

L'acupuncture en Europe

Contrairement à ce qui est, généralement, pensé en Occident, l'introduction de l'acupuncture n'y est pas récente. Dès le XVIIe siècle, nous l'avons vu, les congrégations religieuses étudiaient la Chine et envoyaient des notes en Occident. Parmi les nombreux livres ramenés par le Père de Rada se trouvaient des ouvrages de médecine et d'acupuncture. L'Occident s'y est intéressé. Dans le paragraphe consacré aux pouls chinois nous verrons l'influence que la médecine chinoise a exercée en Europe. Le premier ouvrage consacré à la médecine chinoise en Occident fut publié en 1671, à Grenoble, par le R.P. Harvieu et intitulé *Les secrets de la médecine des Chinois consistant en la parfaite connaissance des pouls, envoyés de la Chine par un Français, homme de grand mérite*. Au XVIIe siècle on doit à un jésuite polonais et à un chirurgien hollandais, deux ouvrages importants consacrés à l'acupuncture. Au XVIIIe siècle, l'acupuncture est pratiquée assez régulièrement en Europe et plusieurs médecins, et non des moindres, s'y intéressent. À ceux que l'histoire de la médecine passionne les noms de Vicq d'Azyr, de Valsalva, ne sont certainement pas inconnus. Ainsi, il y a deux cents ans déjà, des médecins célèbres, fins anatomistes, s'intéressaient à l'acupuncture.

Au XIXe siècle, elle passionne toujours le monde médical. En 1826, Cloquet (nom très célèbre en médecine), professeur à la Faculté de médecine de Paris et acupuncteur à l'Hôpital Saint-Louis, publie un *Traité d'acupuncture* qui a un énorme retentissement. À la même époque, le Docteur Berlioz (père du compositeur) publie un mémoire sur les *Maladies chroniques et l'acupuncture*, et le Docteur Sarlandière publie, lui aussi, un mémoire sur l'électropuncture et sur l'emploi du moxa japonais en France. L'acupuncture, médecine à la mode, est pratiquée partout et par tout le monde. Dans ces conditions, les échecs sont plus fréquents que les réussites et, doucement, les salons oublient cette mode : l'acupuncture a fait long feu.[8]

Pourtant, en 1863, répondant à la demande du professeur Soubeyran, Dabry, diplomate distingué et fin connaisseur de la Chine, publie un remarquable ouvrage *La Médecine chez les Chinois*, qui n'aura pourtant pas la diffusion qu'il mérite. L'acupuncture est oubliée pour près d'un siècle et c'est à un autre diplomate, Soulié de Morant, que l'on doit la réintroduction de cette médecine en France. La place nous manque pour nous attarder sur Soulié de Morant, distingué diplomate, grand sinologue, écrivain de talent, père de l'acupuncture française. Rappelons simplement qu'il n'était pas médecin mais que sa grande culture médicale et l'amitié de certains médecins, lui permirent de démontrer cette méthode en clinique. Proposé pour le prix Nobel, il fut poursuivi par l'Ordre des Médecins pour exercice illégal de l'art de guérir. En 1934, Soulié de Morant publie le *Précis de la vraie acupuncture chinoise* ; ouvrage suivi par plusieurs autres. C'est grâce à lui que l'acupuncture a trouvé en France un second souffle, souffle puissant puisqu'il se propagea sur toute l'Europe.

Les médecins qui ont succédé à Soulié de Morant, font partie de l'histoire actuelle et n'ont donc pas leur place ici.

L'anatomie chinoise

Pour les Chinois, et nous ne le répéterons jamais assez, l'homme est un intermédiaire entre le Ciel et la Terre ; il est une antenne placée entre les deux. Il existe donc dans la conception chinoise de l'homme une correspondance inévitable entre les éléments du ciel, de la terre, et l'homme. Cette concordance existe à tous les niveaux et également au niveau anatomique. Cette relation entre le corps et le cosmos est privilégiée au niveau de certaines ouvertures du corps. Ces ouvertures, ce sont les points d'acupuncture. Pour les Chinois, l'Univers est composé du macrocosme (c'est-à-dire le Ciel + la Terre) et du microcosme (c'est-à-dire l'homme). **Entre le macrocosme et le microcosme s'établit une osmose perpétuelle qui met en communication les organes profonds de l'homme et l'univers.** Cet échange s'établit, nous l'avons dit, par la communication de l'énergie au niveau des points d'acupuncture, qui sont des puits de réception mais également grâce aux sécrétions, excrétions et au souffle (respiration). Cette conception de l'homme, partie intégrante du cosmos, se retrouve également dans d'autres médecines (*spiritus vitalis*, *pneuma* des Grecs, *prana* des Indiens, etc.) mais la grande originalité de la médecine chinoise est d'avoir complété la notion de souffle de vie par l'existence des trajets et des points d'acupuncture. L'osmose entre le microcosme et le macrocosme débouche, en philosophie chinoise, sur une concordance stricte entre l'un et l'autre ; ainsi, pour ne prendre que quelques exemples, les neuf ouvertures du corps correspondent aux neuf portes du ciel, les douze grandes articulations aux douze mois, les quatre membres aux quatre saisons, les vaisseaux du corps aux fleuves, les cheveux aux étoiles du ciel, etc. On comprend qu'une telle concordance obligatoire ne nécessitait pas une connaissance approfondie de l'anatomie. L'étude des cadavres n'était pas pratiquée et l'anatomie, jeu intellectuel, consistait à construire le corps comme la reproduction du macrocosme. Deux fois cependant, des médecins chinois se sont intéressés à la dissection : la première fut pratiquée au début de notre ère et la seconde vers le XIIe siècle. Ni l'une ni l'autre ne fut réellement suivie d'effets. Les données de ces dissections contredisaient les données classiques : elles ne pouvaient donc être acceptées. De plus, les cadavres provenant de petites gens ou de brigands, les Chinois trouvaient naturel que leur anatomie différa de celle de l'homme supérieur. C'est l'anatomie de l'homme supérieur, la seule digne d'intérêt, qui, dans la tradition chinoise, servait de référence à la rédaction des ouvrages classiques (*Nei Tching*, etc.).

À partir du XVIIe siècle, la présence en Chine de nombreux missionnaires, dont certains exerçaient la médecine et auraient même guéri des dignitaires de la Cour, modifie l'intérêt des médecins chinois envers l'anatomie. Il semblerait que plusieurs missionnaires aient fait des démonstrations anatomiques sur des tigres devant la Cour impériale. L'Empereur K'ang Hi (1689-1722) s'intéressa vivement à la médecine des Occidentaux et en profita, dit-on, pour guérir de la malaria. Il manifesta sa reconnaissance en permettant la réalisation d'un atlas d'anatomie. Celui-ci fut réalisé grâce à la collaboration forcée des condamnés à mort. L'Empereur estimait qu'ainsi ils dédommageraient la société des torts qu'ils avaient causés. Cependant, il se ravisa rapidement et l'ouvrage réalisé fut mis dans l'*Enfer chinois* : ce livre demeura confidentiel et seuls quelques privilégiés avaient le droit de le lire, mais non de l'emprunter, ni même de prendre des notes.

Le linghi

L'idée de K'ang Hi — se servir des condamnés pour faire progresser la science — fit cependant son chemin et les bourreaux devinrent des artistes qui transmettaient leur savoir par héritage. Les condamnés à mort étant véritablement disséqués, les médecins qui assistaient aux cérémonies en profitaient pour s'initier à l'anatomie. Les organes qui saignaient sous le couteau et qui, une fois retirés, provoquaient la mort du supplicié furent appelés organes nécessaires à la vie ou **Tsang** ; ceux qui coupés, laissaient échapper un contenu différent du sang et ne provoquaient pas la mort, reçurent le nom d'organes de réserves ou **Fou**. Ces deux catégories d'organes, les Tsang et les Fou, furent naturellement intégrées dans la classification cosmologique chinoise du microcosme/macrocosme. Nous verrons plus loin, comment ils y parvinrent. On trouve une description du découpage lent (linghi) dans un ouvrage de Harfeld, *Opinions chinoises sur les barbares d'Occident* : « Le linghi ou dépeçage progressif est prononcé dans les cas suivants : parricide (même involontaire) ; meurtre de trois personnes d'une même famille, ou d'un mari par sa femme ; attaque par écrit ou par parole contre l'Empereur. Le condamné est lié à une croix de Saint-André. Le juge remet au bourreau un papier rempli de poignards, sur le manche duquel sont gravés des caractères idéogrammes. Ils désignent des parties du corps différentes. Le bourreau tire un couteau au hasard, clame le caractère et tranche l'organe ou le membre désigné. » (Harfeld, 42-74).

Malgré les éléments objectifs de ces singuliers cours d'anatomie, plusieurs médecins soutenaient que l'anatomie est différente chez l'homme supérieur et chez le petit peuple et les brigands.

A fortiori, elle était différente chez les Chinois et les barbares d'Occident. Pour le médecin Yu Li-Tchou, il y a une inversion du cœur et des intestins dans les deux races, et seuls quelques Chinois anormaux ont les viscères à l'occidentale. Ceux-là seuls, disait-il, peuvent être convertis au christianisme et il trouvait que les missionnaires perdaient leur temps à vouloir s'occuper des anormaux.

Ces quelques notions sur la conception chinoise de l'anatomie de l'homme illustrent bien la différence entre celle-ci et l'anatomie traditionnelle occidentale, née de la patience d'anatomistes travaillant nuit et jour, souvent dans des conditions difficiles et illégales, sur des cadavres achetés au péril de leur vie. Il est vraiment exceptionnel dans ces conditions que les trajets des Méridiens, qui ne reposent sur aucune analyse de cadavre, sur aucune recherche anatomique, soient aussi précis. Pourtant, nous verrons cela dans un autre chapitre, les découvertes récentes concernant l'anatomie des points d'acupuncture supposent de la part des premiers acupuncteurs un savoir très fin des structures anatomiques. Ici, encore, la cruciale question se pose : quelle est la véritable source de l'acupuncture ? D'où vient-elle ?

L'anatomie cosmologique

Pour l'Occidental, la médecine chinoise est étrange à plus d'un titre. Le vocabulaire qu'elle utilise n'est certainement pas fait pour faciliter son approche. Toutes les disciplines scientifiques utilisent un métalangage ; celui-ci leur est nécessaire pour s'exprimer avec davantage de clarté et de concision.

Cependant, la métalangue n'emprunte que rarement son vocabulaire au quotidien : ceci en fait sa difficulté mais aussi, du fait de la création de néologismes, sa richesse. Les Chinois ont procédé autrement. Puisque microcosme et macrocosme ne sont qu'un, ils utilisèrent pour désigner le premier les termes propres au second. Ainsi on parlera de point fenêtre du ciel, de mer des Méridiens, de bois qui domine la terre, etc. Une adaptation des termes chinois rendrait la médecine chinoise plus acceptable pour l'Occident ; vaste travail, non encore entrepris, qui nécessiterait une refonte complète de la terminologie. Quoi qu'il en advienne, il nous faut, actuellement, user de la phraséologie chinoise.

De plus, rappelons que la concordance entre le microcosme et le macrocosme était absolue. Ainsi, puisque les Chinois connaissaient quatre mers, aux mers macroscopiques doivent correspondre des mers microscopiques : ce sont, l'estomac, mer de l'eau ; un gros vaisseau, mer du sang ; le médiastin, mer du souffle ; le cerveau, mer de la moelle. À la division cosmique du monde en trois étages (le ciel, l'homme, la terre) correspond la division de l'homme en trois segments. Le segment supérieur, limité en bas par le diaphragme contient les poumons et le cœur ; il est en concordance avec le ciel. Le segment inférieur, limité en haut par l'ombilic, contient les divers organes excréteurs (reins, système digestif), il est donc en concordance avec la terre. Le segment moyen qui contient le foie, l'estomac, la vésicule biliaire, et les autres organes de transformation de la matière est donc bien le trait d'union entre le ciel et la terre, et il correspond à l'homme. On alla plus loin encore, dans la concordance.

Le corps est composé de cinq viscères Tsang (les poumons, le foie, la rate, les reins et le cœur) et de six réceptacles ou organes creux Fou (l'estomac, la vésicule, la vessie, l'intestin grêle, le gros intestin et le Triple Réchauffeur). Le **Triple Réchauffeur** (nous verrons plus loin sa concordance moderne) est considéré comme un réceptacle unique et est composé du Réchauffeur Supérieur (œsophage), du Réchauffeur Moyen (vide interne de l'estomac) et du Réchauffeur Inférieur (urètre). Il remplit donc bien son rôle de réchauffeur : au niveau supérieur, il charge les aliments (œsophage) ; au niveau moyen, il les brûle (estomac) et au niveau inférieur, il élimine les déchets (urètre). Actuellement, on propose comme équivalent moderne au Triple Réchauffeur, le système parasympathique avec ses trois niveaux : thoracique, abdominal et pelvien. Le parasympathique, on le sait, agit comme régulateur de très nombreuses fonctions et, en particulier, au niveau du tractus digestif.[9]

Chaque viscère possède son réceptacle. Chaque Tsang est donc en étroite union avec un Fou. Le Triple Réchauffeur qui exerce une fonction particulière est son propre réceptacle. Chaque viscère correspond à un élément (nous verrons plus loin comment).

De plus, suivant sa nature chaque organe et chaque viscère est considéré soit comme Yang, soit comme Inn. Pour terminer cette rapide classification des organes à la chinoise disons qu'entre les organes et les viscères existent de nombreuses connexions (le réseau d'acupuncture) et que chaque organe se manifeste au niveau de l'artère radiale par son propre pouls. Les organes des sens sont considérés comme les orifices des viscères suivant la concordance suivante : oreille/rein, langue/cœur, yeux/foie, nez/poumons.

Il est étrange de constater que les malformations embryologiques plaident pour cette parenté. À partir de ces multiples données, les Chinois ont développé un système extrêmement curieux mais cohérent et d'une très grande logique. Si, comme le veut la tradition, les Chinois ont découvert l'algèbre, leur première application fut certainement l'homme. La lecture des ouvrages d'acupuncture rebute, déroute et amuse le profane ; nous savons, maintenant, que leur curieuse nomenclature provient d'une vision cosmique de l'homme. Notons que les premiers traducteurs français des ouvrages chinois sont également responsables de cet aspect ésotérique. Ils n'ont pas essayé d'aller au-delà du mot chinois, vers le concept. Que leur mémoire soit cependant respectée car, sans eux, jamais l'acupuncture n'aurait en Occident la place qu'elle occupe aujourd'hui.

La médecine chinoise

Le lecteur intéressé par la médecine chinoise se procurera l'ouvrage de Hiria Ottino lequel présente — sous forme d'articles classés selon l'ordre alphabétique — l'essentiel de ce qui caractérise la médecine chinoise ; c'est-à-dire non seulement l'acupuncture (*zhen jiu*) mais aussi les massages (*tui na*), la phytothérapie (*cao yao xue*), la pulsologie (*mai zhen*) et la pratique de la maîtrise mentale (*qi gong*). Dans les annexes, un article particulièrement intéressant est consacré au questionnement du patient, lequel est assez différent de celui pratiqué par un médecin occidental. (Hiria Ottino. *Dictionnaire de médecine chinoise*. Les Référents. Larousse. 2001. 334 pages).

Chapitre 2

L'examen médical en Chine ancienne

L'examen médical de base ne diffère pas sensiblement de ce qu'il est en Occident ; il est cependant plus complet.

Comme en Europe, l'examen comprend l'anamnèse ou *Wen* (c'est-à-dire l'interrogation du malade), l'inspection ou *Wang*, et la palpation-percussion appelée *Tsie*.

L'auscultation (inconnue à l'époque en Europe) est remplacée par la prise des pouls. Alors qu'en médecine classique on recherche les symptômes pour en faire des syndromes ou des maladies (on parle même de signe pathognomonique d'une maladie, c'est-à-dire du signe qui par sa seule présence signe le diagnostic), en médecine chinoise, le praticien attache aux symptômes toute leur importance. Chaque symptôme possède une valeur en soi ; le médecin homéopathe agit, aujourd'hui, un peu de même (voir, dans la même collection, *L'homéopathie* de Catherine Trouvé). Les renseignements que le médecin tire de son examen sont naturellement très différents de ceux qu'obtiendrait un médecin occidental. N'oublions pas que pour l'acupuncteur traditionnel, chaque organe est en rapport avec le cosmos tout entier. Ainsi, les couleurs, les bruits, les saveurs, les odeurs, correspondent également à des organes. C'est ce qui fait écrire à Granet « qu'au lieu de s'appliquer à mesurer des effets et des causes, les Chinois s'ingénient à répertorier des correspondances » (Granet 37-319). Le malade qui réagit anormalement à une saveur ou à un bruit particulier, par exemple, indique par cette réaction qu'un organe ou un Méridien est en dysfonctionnement. Notons qu'en médecine classique certaines concordances sont également signalées ; ainsi, le dégoût pour la viande oriente le médecin vers la recherche d'une tumeur et certaines saveurs particulières dans la bouche orientent également le médecin vers des pathologies précises. C'est grâce au faisceau de renseignements qu'il tire d'une anamnèse fouillée que le praticien propose son diagnostic. Les rapports particuliers que le médecin chinois établit entre les organes du corps et les choses de la vie ne nous sont pas totalement étrangers. La vieille croyance populaire qui s'exprime dans les aphorismes et les proverbes en donne plusieurs exemples. Pour les Chinois, le cœur est en concordance avec le rire et l'amer ; la vessie avec le salé, le foie avec les gémissements, etc. Rappelons simplement les expressions occidentales « rire de bon cœur » ou « se faire de la bile ». Le lecteur curieux ou érudit trouvera nombre d'expressions populaires dans les anciens calendriers et almanachs. L'examen du pouls, auquel nous consacrons un chapitre, consiste à déterminer par une pression légère, moyenne, ou forte, le pouls de l'artère radiale (poignet) au niveau de l'apophyse styloïde, en avant et en arrière de celle-ci. Le pouls, comme en médecine occidentale, est parfois pris au niveau d'autres artères (carotide, tibiale, fémorale, etc.). Pour les Chinois, chaque pouls (ils en distinguent quatorze) est en rapport avec un organe (ou un viscère). Le vaisseau serait comme la corde qui relie le pouls à l'organe ; lorsque l'organe est sain, la corde vibre en harmonie, si l'organe est malade (désaccordé), celle-ci vibre anormalement et c'est cette vibration anormale qui est perçue au niveau du pouls. Ensuite, le médecin chinois inspecte le malade. Cet examen semblable à ce qui est pratiqué chez nous, ne demande pas de commentaires. Le médecin chinois attache, cependant, une attention particulière à la langue, comme d'ailleurs le praticien occidental du siècle dernier, et aux orifices. Signalons cependant, pour les curieux, que de très sérieuses maisons d'éditions universitaires publient en 2004 des ouvrages, non moins sérieux, sur ce que nous apprend l'examen des ongles[9b], de la langue, etc. Ainsi, malgré une médecine occidentale hypertechnique, l'examen visuel du malade reste encore très important (la couleur de la peau en cas d'ictère – jaune, orangée, brillante, etc. – est bien souvent un indice de l'origine de celui-ci).

L'examen médical se termine par une longue palpation de l'abdomen. En effet, c'est au niveau de l'abdomen que naît l'énergie, il est donc logique d'y consacrer un maximum d'attention. Remarquons que les médecins français, disciples du grand chirurgien Mondor, consacrent également à l'abdomen une attention très particulière (signalons aussi les nombreux ouvrages publiés entre l'an 2000 et 2004 dont le titre clame que « tout vient de l'estomac »).

Ces nombreux renseignements fournissent au médecin la possibilité d'établir un pronostic. Le pronostic dépend non seulement des symptômes découverts mais également de leur évolution ; deux possibilités groupées en quatre couples leur sont offertes. En effet, le symptôme peut concerner l'un des pôles des couples ci-après :

- Inn/Yang.
- Bas/Haut.
- Antérieur/Postérieur.
- Profondeur/Superficie.

Suivant l'évolution du symptôme (par exemple, de l'antérieur vers le postérieur) le médecin énonce son pronostic en terme d'aggravation ou d'amélioration. Le pronostic dépend également de la concordance ou de la discordance des symptômes. Ceci est également vrai en médecine classique. Ainsi, par exemple, tout médecin du XXIe siècle sait qu'à toute augmentation de la température du corps d'un degré doit correspondre une accélération du rythme cardiaque de 10 pulsations/minute. Une température élevée avec bradycardie (c'est-à-dire un pouls plus lent que la normale) signe souvent une maladie grave (par exemple, la fièvre typhoïde). Enfin, le pronostic ne sera pas le même s'il y a atteinte d'un Méridien ou seulement d'une branche de celui-ci. Nous aurons l'occasion de revenir en détail sur ces notions.

CHAPITRE 3
Les fondements de l'acupuncture

L'acupuncture, qui n'est, nous l'avons vu, qu'une branche de la médecine chinoise, repose sur huit grands fondements. Ce sont :

- le Tao et le Yi-King ;
- le Inn et le Yang ;
- les Méridiens ;
- les points ;
- la pulsologie ;
- les cinq éléments ;
- l'énergie ;
- les cycles.

Ces huit fondements correspondent aux huit bases de la philosophie chinoise, aux huit trigrammes (voir le chapitre consacré au Yi-King), aux huit règles de diagnostic, aux huit objets précieux, aux huit préceptes bouddhiques, etc.). La médecine qui s'inscrit dans le système philosophique chinois ne doit en aucune manière en être séparée. Nous aurons l'occasion de montrer au lecteur que le système est cohérent et que non seulement il englobe l'homme dans sa totalité mais également tout le cosmos. Pour être heureux, l'homme doit accorder son mode de vie aux lois du cosmos ; chaque acte (même le plus simple) doit répondre à cette exigence. Ainsi, on parlera plus volontiers de Sagesse plutôt que de philosophie chinoise.

Le Tao et le Yi-King

Le Tao

Expliquer le Tao en quelques mots relève de la gageure : essayons néanmoins.

L'ouvrage de base du Taoïsme a été écrit au VIe siècle avant notre ère par Lao Tseu. Cet ouvrage, composé de huit parties est le ***Tao Te King***, c'est-à-dire le livre du Tao et du Te. Cependant, le Tao est du domaine de la pensée commune et, s'ils en parlent moins, tous les auteurs chinois s'en inspirent. Le Tao, que certains nomment la Loi Universelle, est innommable et c'est ainsi que commence l'ouvrage de Lao Tseu, par une affirmation : « Le Tao, qu'on tente de saisir n'est pas le Tao lui-même ; le nom qu'on veut lui donner n'est pas son nom adéquat ».

Le Tao est ce qui préexiste à tout, c'est l'essence et l'énergie première, c'est l'essence et l'énergie de toute chose, c'est l'essence et l'énergie dernière. Lao Tseu écrit : « Sans nom, il représente l'origine de l'univers ; avec un nom, il constitue la Mère de tous les êtres. Le Tao, énergie première, créa un jour le monde. Le Tao manifesté est le Te ».

Le Te serait donc l'art de vivre le Tao, le chemin à suivre pour vivre le Tao.

Le Te, manifestations du Tao, obéissant donc à ses lois, consista d'abord en l'apparition du Ciel, de la Terre puis de l'homme. Ensuite vinrent toutes les choses vivantes et inanimées. Tous obéissent aux lois du Tao, synthétisées dans les lois éternelles du Inn et du Yang. Nous pouvons donc définir le Tao comme la Loi Universelle du Inn et du Yang ; origine et manifestation de toute chose. Le Inn et le Yang de chaque chose ne sont pas isolés mais en union avec tous les autres Inn et Yang dans la complexité du Tao. C'est ce qu'exprime le philosophe chinois en écrivant « que chaque phénomène naturel en tant que produit du Inn et du Yang a sa composition et ses mouvements fixés en rapport avec les autres choses dans le filet des relations de nature. » (Needham 62-47). Le premier livre du Tao, mais où il n'est point nommé, est le Yi-King.

3. Les fondements de l'acupuncture

Le Yi-King

Premier des grands ouvrages classiques, le Yi-King serait l'œuvre de l'Empereur immortel, **Fou Hi**. Cet empereur, vraisemblablement mythique, serait né d'une vierge ou encore venu du ciel accompagné d'extraterrestres munis de trompes d'éléphants. Il est souvent représenté avec sa femme (?), **Niou Koua**, entrelacés comme deux sirènes. Lui tient une **équerre** dans la main (celle-ci dessine le carré, signe de la terre, Inn), et elle, un **compas** (qui produit le cercle, signe du Ciel, Yang). C'est par l'union du Inn et du Yang que toutes choses sont produites. Fou Hi et son épouse représentent le premier couple. Remarquons que chacun tient en main les attributs de l'autre sexe car il n'y a pas de Inn sans Yang, ni de Yang sans Inn. Et seule la conjugaison des deux est génitrice. Fou Hi, aurait donné au monde l'écriture, la culture du ver à soie, la musique, etc., et, surtout, les trigrammes. Sa femme entreprit d'aménager l'Univers « car les Quatre Pôles étaient renversés, les Neuf Provinces fissurées, le Ciel ne couvrait point partout, la Terre ne supportait pas tout le pourtour, le Feu incendiait sans s'éteindre jamais, les Eaux inondaient sans jamais s'apaiser, les Bêtes féroces dévoraient les hommes valides, les Oiseaux de proie enlevaient les débiles ». (Granet, 37-285). Elle y mit de l'ordre et la terre *carrée* porta sur son dos le Ciel *rond* : l'Union se fit entre le Inn et le Yang.

Les huit trigrammes

Réfléchissant au monde ainsi ordonné, Fou Hi le représenta sous la forme de vingt-quatre traits. Ces traits sont groupés par trois et nous obtenons ainsi la représentation ci-après :

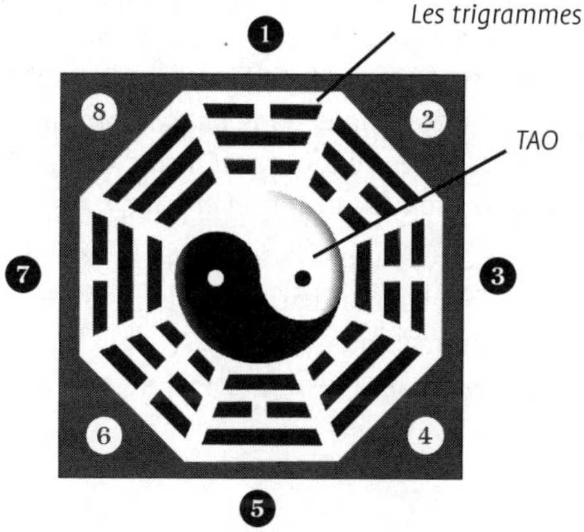

On constatera aisément que chaque trigramme n'est différent du précédent (ou du suivant) que par la modification d'une ligne. Une ligne continue se dédouble : un devient deux, comme le T'ai Tchi (voir page 36) se dédouble (en Inn et Yang) pour donner vie aux choses. Ceci représente le principe du changement. Ce principe est illustré en acupuncture par la succession des Méridiens Inn et Yang et en histoire par la valeur des dynasties qui se suivent. Le Yi-King porte le nom de **Livre des Transformations**[10]. Plus tard, les trigrammes furent complétés en hexagrammes et l'ordre et le savoir du monde furent représentés par soixante-quatre figures. Ces hexagrammes composent à eux seuls le texte véritable du Yi-King, tout le reste est du commentaire. Celui-ci est essentiellement l'œuvre du roi Wen. Ils contiennent toutes les réalités Inn ou Yang (11520, suivant la tradition et les mathématiques) imaginables.

Le Yi-King, livre divinatoire

Les Chinois ont utilisé les hexagrammes pour connaître l'avenir (achilléomancie). Cette méthode de divination chinoise[11] est assez complexe aussi nous n'en donnons qu'un bref aperçu. On tient en main un paquet de cinquante baguettes (des tiges d'achillée)[12] de trente centimètres de long. Ces baguettes sont très maniables et leur nombre est suffisant pour empêcher de les dénombrer. D'emblée on retire une baguette qui ne participera pas au partage[13]. Ensuite, on divise ce paquet en deux (le un devient deux) et on pose les deux tas devant soi ; cette division est recommencée plusieurs fois et le résultat est coté Inn (- -) ou Yang (-). Pour finir (après de nombreuses opérations) on obtient un hexagramme qui doit être considéré comme la réponse à la question posée.

Le Yi-King, base de la sagesse chinoise

L'importance du Yi-King dans la vie chinoise n'est plus à démontrer. *Livre des Mutations*, *Livre du Changement*, *Livre de l'Ordre du Monde*, les hexagrammes sont utilisés pour gouverner la Chine, pour soigner les malades (les hexagrammes correspondent aux six niveaux d'énergie[14]), pour écrire la musique, etc. Un ancien manuel de sexologie chinois dit que c'est parce qu'ils s'accouplent correctement que le Ciel et la Terre durent à jamais. Le Yi-King donne les règles de transformation pour un accouplement parfait.

Terminons en signalant que le Yi-King, à l'inverse des autres Livres Sacrés du monde (Bible, Coran, Veda, etc.), ignore la notion de commencement et de fin : il ne connaît que des transformations circulaires et donc un cycle sans commencement et sans fin.

Le Inn et le Yang

- Il n'y a pas de Inn sans Yang.
- Tout ce qui est Inn est aussi Yang.
- Le Inn succède au Yang et inversement.

Ces trois formules résument clairement l'essence du Inn et du Yang ; ce sont, en effet, deux principes complémentaires, opposés et successifs. Le Yang est tout ce qui est actif, chaud, externe, lumineux. Le Inn correspond à ce qui est inerte, froid, intérieur, sombre. Le jour est donc Yang : il fait chaud, clair, les êtres vivent à l'extérieur et sont actifs. La nuit est Inn, il fait froid, sombre, les êtres vivants s'enferment pour se protéger, ils sont inactifs ou dorment. Ceci est pourtant relatif, car il est des nuits d'été plus chaudes que des jours d'hiver, des nuits claires et des jours sombres, etc.

Le Inn et le Yang sont donc relatifs et il n'y a de Inn que par rapport à du Yang comme il n'y a de pauvres que par rapport à des riches et un pauvre trouve toujours plus pauvre que lui.

Il n'y a donc ni Inn ni Yang absolu et « lorsque l'un des principes atteint la culmination, le principe contradictoire germe et jaillit dans son sein » (Jung, *L'homme à la découverte de son âme*). Le jour succède à la nuit et la nuit au jour. Le Yang engendre le Inn et le Inn engendre le Yang. La balance est éternelle... ! Puisque tout Inn (ou Yang) n'est qualifiable qu'en fonction d'un rapport, la proportion est toujours relative : dans tout Inn il y a du Yang et tout Yang contient du Inn. La notion de Inn et de Yang est donc une notion de dualisme et de complémentarité et les Chinois ne disent jamais Inn et Yang mais bien Inn Yang ou Yang Inn. Le ciel qui contient le Soleil est Yang tandis que la terre qui par rapport à lui est froide et sombre est donc Inn. L'homme est Yang et la femme est Inn (comme la terre). Les organes creux (ou entrailles) qui sont le lieu de passage de l'énergie sont Yang ; les organes pleins, qui sont lieu de transformation ou de mise en réserve sont Inn. Nous laissons au lecteur le soin d'imaginer d'autres couples du même type.

Notons, qu'en langue chinoise, aucun mot ne peut être qualifié de masculin ou de féminin. En revanche toute chose, tout objet, toute manifestation quelconque de l'énergie est automatiquement répartie entre le Inn et le Yang. Le macrocosme est donc en équilibre Inn Yang. L'homme, microcosme, doit l'être également. Sa tête, ronde comme la voûte céleste, est Yang. Ses pieds, fermement appliqués sur le sol, sont Inn. Il participe donc du Inn et du Yang. Il est, cependant, nécessaire d'aller plus loin : attendant la levée du Soleil, face au sud, l'homme reçoit le Soleil à sa gauche. Ce côté sera donc Yang par rapport à la droite. En position fœtale, dans l'utérus de sa mère, le dos de l'enfant est à l'extérieur, il sera donc Yang. La face antérieure est alors Inn.

Nous verrons, lors de notre approche de l'acupuncture, combien ces constatations logiques sont utiles. La représentation graphique du Tao (le T'ai Tchi) résume tout ceci.

Il n'y pas de Inn sans Yang ni de Yang sans Inn.

T'AI TCHI

Il s'agit d'un cercle comportant deux parties principales, l'une noire, l'autre blanche. Chacune de ces parties contient un petit cercle de la couleur opposée. La partie claire est le Yang. Il est à gauche et s'élargit à mesure qu'il se rapproche du sommet. La partie sombre est le Inn ; disposé à droite, il s'élargit du pôle supérieur vers l'inférieur. Les deux petits cercles rappellent qu'il n'y a pas de Yang sans Inn, ni de Inn sans Yang. Ainsi, une ligne passant par le centre contient autant de Inn que de Yang, et une ligne tangente au sommet contient toujours du Inn comme le rappelle symboliquement le petit cercle placé dans la figure[15]. Cette figure appelle le mouvement : le blanc engendre le noir qui lui-même engendre le blanc : l'un engendre l'autre et n'existe pas sans lui. Le dessin illustre bien le sens de la circulation de l'énergie : le Yang circule suivant un courant descendant et le Inn suivant un courant ascendant. Nous retrouverons cette circulation dans les Méridiens : l'énergie des Méridiens Yang circule vers le bas, celle des Méridiens Inn vers le haut. Notons que dans la circulation sanguine le sang artériel suit un courant descendant et le retour veineux se fait de bas en haut. Le mouvement engendre la création. Comme le fait très justement remarquer Lavier, le mouvement est polaire (Inn Yang) tandis que la création est ternaire (Inn/Yang/équilibre Inn Yang). Dans le projet créatif, il y a mouvement de l'un vers l'autre, tandis que la création terminée, il y aura équilibre. Comme exemples d'architectures ternaires, nous pouvons proposer le cosmos (le ciel, l'homme, la terre) ou encore l'homme (tête, tronc, pieds). Cette notion fort importante mérite d'autres exemples : une batterie, lorsqu'elle produit du courant, engendre un mouvement d'électrons, du négatif vers le positif (et aussi un petit contre-courant inverse) ; au repos, il y a équilibre entre les charges positives et négatives. Comme définition moderne du Inn et du Yang on propose généralement — mais c'est en limiter la portée — négatif et positif. Cette loi de l'alternance et de la complémentarité, sur laquelle nous nous sommes attardés mérite certainement cette attention, car c'est grâce à elle que le médecin sait comment soigner son patient : ajouter du Inn ou du Yang. Elle permet également de comprendre pourquoi certains traitements ne sont efficaces qu'en certaines saisons et pourquoi certaines maladies sévissent à des époques précises. Cette loi, partie intégrante de la civilisation chinoise, s'illustre bien en histoire. Puisqu'il y a alternance et changement, à une période historique mauvaise doit nécessairement succéder une période meilleure et ainsi il devient logique de dénigrer la période précédente. Les exemples en sont nombreux dans l'histoire de la Chine.

Les Méridiens (Tching)

Les Méridiens, Tching, ou vaisseaux, permettent la circulation de l'énergie et du sang. Les nombreuses traductions du mot chinois Tching désignant les Méridiens ont jeté la confusion dans les esprits et actuellement on considère que les Méridiens sont un support immatériel, conducteur d'énergie. Ceci est faux non seulement du point de vue de l'acupuncture mais également du point de vue philologique. La meilleure traduction serait vaisseaux et on en distinguerait de plusieurs types : les uns conduisant l'énergie (les actuels Méridiens), les autres conduisant le sang (nos vaisseaux). En faveur de cette thèse on peut citer l'existence d'aiguilles chinoises destinées à provoquer une saignée (comment saigner un Méridien virtuel ?) et, d'autre part, les textes classiques qui disent que les Tching conduisent l'énergie et le sang. Les travaux chinois récents ont, par ailleurs, montré que les Méridiens sont en rapports étroits avec les vaisseaux (y compris les vaisseaux lymphatiques) et les nerfs. La sensation d'acupuncture, dont nous parlerons plus tard, serait provoquée par une réaction complexe mettant en jeu ces différentes structures : elle serait surdéterminée. La structure des vaisseaux, leur rôle et leur fonction étant bien connus en médecine occidentale, nous ne nous occuperons donc que de l'aspect énergétique (ce qui est d'ailleurs l'originalité de l'acupunture) et conserverons le terme de Méridien. Le nombre total de Méridiens n'est pas comme on l'affirme souvent de quatorze mais bien de cent huit[16]. Nous reviendrons sur leur description plus tard.

Les textes classiques disent que les Méridiens permettent la vie de l'homme, là se forment les maladies et c'est par eux que l'on peut guérir. Que sont ces Méridiens ? Ils consistent en une **chaîne privilégiée de points** par lesquels circule l'énergie d'une fonction. Il existe des Méridiens principaux qui appartiennent à un organe : en effet ce sont les seuls à le traverser. Ces Méridiens sont au nombre de douze. À ces Méridiens principaux, il faut ajouter un énorme réseau interconnecté. Ce réseau comme tout système électronique contient des régulateurs, des dissipateurs, des circuits d'alarme. L'énergie qui y circule peut être bloquée en un quelconque endroit : s'accumulant en amont elle provoquera de la douleur, le manque en aval provoquera la faiblesse de l'organe déficitaire. Le rôle de l'acupuncteur est de maintenir (notion prophylactique !) ce circuit en bonne condition ; pour cela il doit veiller, en pratiquant des tests (comme la prise du pouls), à la juste répartition de l'énergie. Lorsqu'un circuit est bloqué, il en provoque la dérivation en agissant sur plusieurs points.

Le corps, on le voit, pour l'acupuncteur, ressemble étrangement à un circuit électronique et l'énergie circulante serait de nature électromagnétique. Nous pourrions pousser l'analogie plus loin mais le lecteur, non-électronicien, n'en aurait aucun bénéfice. Puisque l'énergie circule dans les Méridiens et que les Méridiens sont interconnectés, il est dès lors possible d'agir à distance. Depuis peu l'homme s'étant familiarisé avec cette notion d'action à distance (quel appareil électronique ne dispose de sa télécommande ?), celle-ci ne l'étonne plus ; ce n'était pas le cas il y a seulement quelques années ! Cette possibilité explique que l'acupuncteur enfoncera des aiguilles au niveau des pieds, par exemple, pour soigner une maladie de la tête. La plupart des points ont des actions et des fonctions qui leur sont propres ; certains points sont stimulants, d'autres sont inhibiteurs, d'autres encore facilitent le drainage de l'énergie dans un autre vaisseau. C'est la connaissance de l'action des points sur l'ensemble du circuit qui fait la beauté et la difficulté du geste d'acupuncture. Cette connaissance suppose, non seulement la parfaite maîtrise du trajet des Méridiens, mais nécessite également de bien connaître les points et leurs actions sur l'ensemble du réseau énergétique.

Classification des Méridiens

Nous l'avons vu, les Méridiens sont au nombre de cent huit et se répartissent en cinq groupes.

L'acupuncture

Des documents découverts récemment en Chine montrent que la théorie des Méridiens a précédé la découverte des points. Les récits de la naissance de l'acupuncture, suivant lesquels l'homme soulagé d'une douleur ancienne, par une flèche qui lui aurait traversé un point, se serait mis à la recherche d'autres points actifs, pour enfin les grouper en Méridiens, doivent donc être revus. Certains auteurs pensent que la découverte des points aurait surgi comme suite à la constatation de l'action bénéfique des tatouages sur certaines maladies. Les **tatouages chinois** obéissent à des lois très strictes (l'**étiquette du Tao**) et une étude les mettant en parallèle avec les réseaux d'acupuncture nous renseignerait certainement sur le sens de certains d'entre eux.

Groupe 1 : les douze Méridiens principaux

Ils s'étendent à la poitrine, au dos, aux quatre membres, au visage et à la tête. Ils sont bilatéraux et symétriques. Leur nombre total est donc de vingt-quatre. En principe ils sont longitudinaux mais certains de leurs trajets sont transverses. Six Méridiens sont Inn et six autres sont Yang. Dans la circulation de l'énergie, ils se suivent par paires : deux Méridiens Inn sont suivis par deux Méridiens Yang. **Chaque Méridien principal pénètre l'organe auquel il correspond.** Au lieu de les considérer par paire de même nature, on peut, également, les considérer par paire opposée; ainsi chaque Méridien Inn est lié à un Méridien Yang : ce sont les **Méridiens couplés**. L'un correspond à un organe plein et l'autre à un organe creux. L'un est producteur et l'autre est réceptacle. L'un est Tsang et l'autre est Fou. L'un est Inn et l'autre est Yang. Les Méridiens principaux sont les plus profondément enfouis. Remarquons que les Méridiens couplés (unis également par des vaisseaux secondaires) se reflètent au même segment de l'artère radiale (voir plus loin : pulsologie). Les Méridiens ont reçu leur nom en fonction de l'organe dans lequel ils pénètrent. Les douzes Méridiens principaux sont nommés :

Poumons	Inn	Tsang	← couple
Gros Intestin	Yang	Fou	
Estomac	Yang	Fou	← couple
Rate-Pancréas	Inn	Tsang	
Cœur	Inn	Tsang	← couple
Intestin Grêle	Yang	Fou	
Vessie	Yang	Fou	← couple de fonction
Reins	Inn	Tsang	
Maître du Cœur	Inn	Tsang	← couple d'équilibre
Triple Réchauffeur	Yang	Fou	
Vésicule Biliaire	Yang	Fou	← couple
Foie	Inn	Tsang	

Le Méridien Triple Réchauffeur et le Méridien Maître du Cœur seraient appelés dans un langage plus moderne système parasympathique et système orthosympathique. Ils forment d'ailleurs, comme le système sympathique, un couple d'équilibre.

Groupe 2 : les douze Méridiens distincts

Ils portent le même nom que les Méridiens principaux auxquels ils sont rattachés, et qu'ils doublent, en quelque sorte. Ils débutent au-dessus des coudes et des genoux et plongent à l'intérieur du corps pour relier le Méridien principal au viscère correspondant. Ainsi, ils naissent en surface puis plongent en profondeur. Après avoir relié l'organe auquel ils se rattachent, ils sortent de la profondeur et se répartissent à la tête et au cou. Il s'agit donc d'une circulation ascendante qui se termine à la tête en un point commun. Ils sont donc, eux aussi, au nombre de vingt-quatre.

Groupe 3 : les huit Méridiens curieux

On les appelle aussi parfois **merveilleux vaisseaux**. Ils sont curieux en ce sens qu'ils n'ont pas de points qui leur sont propres : ils empruntent leurs points aux autres Méridiens. Ainsi, leurs trajets seront-ils, eux aussi, curieux : tantôt longitudinaux, tantôt transversaux ; certains zèbrent le corps en plein milieu, d'autres le parcourent de haut en bas. Ces vaisseaux possèdent également des branches aberrantes qui se perdent dans les téguments et sont vraisemblablement responsables des trajets douloureux inexpliqués par nos connaissances. Ces vaisseaux sont également merveilleux par leurs propriétés. En effet, à l'état d'équilibre de l'organisme, ils sont virtuels mais naissent dès que de l'énergie en excès perturbe le circuit de base. Ensuite, lorsque les circonstances le permettent, ils déversent cette énergie pour qu'elle reprenne un cours normal.

Ce sont donc de merveilleux **régulateurs d'énergie** : circuits de sécurité perfectionnés puisqu'ils permettent de réutiliser l'énergie récupérée. Ils possèdent des points de commande qui sont les points **Lo** et le **point Maître** (voir plus loin).

Notons, et ceci explique sans doute leur rôle de régulateur, que le point Maître n'est pas toujours situé sur le Méridien curieux. Les particularités de ces **points Maîtres** sont extraordinaires : on puncture ce point dans le but d'ouvrir le Méridien afin qu'il absorbe l'énergie en excès. Normalement ce point s'ouvre seul ; en cas d'anomalie c'est à l'acupuncteur de l'ouvrir. Si on désire utiliser un point quelconque du Méridien curieux, il est nécessaire de stimuler au préalable le point Maître. En effet, la stimulation d'un point qui appartient au Méridien principal et au Méridien curieux n'aura, dans le cas contraire, que les effets propres au Méridien principal. Pour obtenir l'effet du Méridien curieux, il est nécessaire de le déverrouiller en stimulant le point Maître. L'acupuncture n'est-elle pas proche de l'électronique ? Des circuits de sécurité, des circuits verrouillés !

Les Méridiens curieux ont également pour mission d'équilibrer la gauche et la droite. Des huit Méridiens curieux nous n'en citerons que deux : **Tou Mo** et **Jenn Mo** (nous consacrerons quelques lignes à **Tchong Mo**, autre Méridien curieux, dans la seconde partie de ce volume dans l'article consacré à l'acupressing et l'amour).

L'école française appelle le Méridien Tou Mo : **Vaisseau Gouverneur** ; le Jenn Mo est le **Vaisseau Conception**. Ces deux vaisseaux curieux sont particuliers en ce qu'ils sont, contrairement aux autres, toujours parcourus par de l'énergie. De plus, ils ont des points propres. Ils déterminent ce qu'on appelle la **petite circulation**. Le Tou Mo est le vaisseau Maître des Yang et son point clé sera donc situé au niveau Yang le plus élevé : sur le **Tae Yang** (pour les niveaux d'énergie voir plus loin).

Le Jenn Mo est le vaisseau Maître des Inn et son point clé sera donc situé au niveau Inn le plus élevé : sur le **Tae Inn**.

Le Tou Mo, Yang par excellence, sera donc situé à la partie postérieure du corps et le Jenn Mo, lui, sera sur sa partie antérieure. Il semblerait également que ces deux vaisseaux créent l'équilibre sexuel et sont un signe de la bisexualité en chacun de nous. Nous verrons dans la partie consacrée à l'acupressing combien le Jenn Mo est utile pour soigner les misères sexuelles. La pathologie des Méridiens curieux est, elle aussi, particulière. Régulateurs d'énergie, ils n'existent que durant les brèves périodes où l'énergie est en excès (à l'exception, bien entendu, de Jenn Mo et de Tou Mo). **Toute douleur fulgurante, aiguë, doit donc nous faire songer à une pathologie du Méridien curieux.** L'interrogatoire minutieux du malade sur la fréquence de sa douleur, son heure maximale, son trajet, son style donne au médecin acupuncteur de nombreux renseignements quant à son origine et lui permet de mieux choisir les points à stimuler. Les signes évolutifs lui permettant de prévoir une évolution favorable ou défavorable dépendent du degré d'atteinte du Méridien (tronçon ou entièreté) et de la nature de celui-ci (Méridien superficiel, profond, tendino-musculaire, voir page 44).

Groupe 4 : les vingt-huit Méridiens Lo

Les Méridiens Lo sont des Méridiens secondaires, transversaux et situés près de la surface du corps. Les Lo principaux, nommés par les Chinois Grands-Pères, donnent naissance à des branches au nombre de douze (Pères) qui se donnent de fins rameaux (Petits-Fils). Ceux-ci donnent naissance à de très fins capillaires qui émergent à la surface des téguments. Le réseau est ainsi organisé comme le réseau vasculaire sanguin qui donne artères, artérioles et capillaires.

Douze de ces Méridiens sont rattachés aux Méridiens principaux, le treizième est rattaché à Jenn Mo, le quatorzième à Tou Mo. Les deux derniers sont le Grand Lo de la Rate et celui de l'Estomac.

Chaque Méridien Lo porte le nom du Méridien principal auquel il appartient. Les Méridiens Lo naissent au niveau des chevilles et des poignets. Disposés transversalement, ils joignent les Méridiens couplés. Le Lo de Jenn Mo sort de l'apophyse xiphoïde et se répand sur la paroi de l'abdomen. Le Lo de Tou Mo sort du coccyx et se dirige vers la tête.

Le **Grand Lo de la Rate** sort du creux axillaire et s'étend vers la poitrine. Il émet des ramifications très fines sur tout le corps et est le Maître de tous les Lo.

Le **Grand Lo de l'Estomac** émerge sous le sein gauche, traverse le diaphragme et se relie aux poumons. La topographie des Lo peut, elle aussi, aider au diagnostic d'une douleur. Étant donné que les Méridiens principaux sont bilatéraux, leur nombre est donc de vingt-huit.

Groupe 5 : les Méridiens tendino-musculaires

Suivant la tradition les Méridiens suivent des vallées : la tradition nous apprend que « ce qui court entre les muscles ou entre les os et un muscle, c'est un Méridien ». Le Docteur Charrière, chirurgien français, passionné d'anatomie et d'acupuncture, a consacré plusieurs années à l'étude des Méridiens et à la localisation des points. L'anatopuncture qui résulte de ses études illustre bien ce trajet des Méridiens dans les zones de clivage et la localisation des points en des endroits anatomiquement bien précis. La tradition dit également que le Méridien tendino-musculaire est Yang par rapport à son Méridien principal ; il est donc superficiel par rapport à lui. Nous avons déjà montré que les Méridiens principaux sont les plus profondément enfouis. Le Méridien tendino-musculaire part du point Tsing (voir plus loin) du Méridien principal (avec comme direction centripète) et forme une sorte de ruban qui surplombe grosso modo le Méridien principal. Sa largeur est variable suivant le trajet. Pour le Docteur Mussat, médecin radiologue, acupuncteur français, le Méridien tendino-musculaire est le toit du triangle électrolytique dont la pointe se trouve être le

Méridien lui-même. Méridiens secondaires des Méridiens principaux, ils sont également au nombre de douze. Leur caractéristique principale est de joindre les quatre membres au corps, au niveau de la poitrine et du thorax, mais sans pénétrer les entrailles (organes et viscères). Rappelons que seul le Méridien principal pénètre dans l'organe (d'où son nom) ; d'autres Méridiens se contentent de le lécher. Les Méridiens tendino-musculaires se réunissent entre eux en plusieurs points et notamment au niveau des organes génitaux.

Systématique des Méridiens

Le nombre total des Méridiens est donc bien comme annoncé de cent huit :

- 24 Méridiens principaux ;
- 24 Méridiens distincts ;
- 8 Méridiens curieux ;
- 28 Méridiens Lo ;
- 24 Méridiens tendino-musculaires.

Circulation de l'énergie dans les Méridiens

Le réseau de Méridiens que nous venons de décrire est parcouru toute la journée par de l'énergie (nous reviendrons sur ce qu'il faut entendre par ce terme plus loin). Cette énergie circule en superficie et en profondeur dans un sens bien déterminé. Pour prendre un exemple simple supposons deux réseaux d'autoroutes ; le second étant superposé (grâce à la construction de viaducs, de ponts, etc.) au premier. Les automobiles ne peuvent circuler que dans un sens et de nombreuses sorties, vers les routes de moindre importance, sont disséminées le long des deux voies principales. Des bretelles disposées en des endroits stratégiques mettent en communication les deux autoroutes suivant un trajet également imposé. Dans le corps, l'énergie circule également de la même manière : deux autoroutes et de nombreuses routes accessoires. Le sens est imposé, et l'énergie ne quitte les voies qu'en des points bien précis.

La voie superficielle de circulation est celle des douze Méridiens et nous avons donné l'ordre de passage de l'énergie dans cette **voie superficielle** :

> Poumons → Gros Intestin → Estomac → Rate → Cœur → Intestin Grêle → Vessie → Reins → Maître du Cœur → Triple Réchauffeur → Vésicule Biliaire → Foie → Poumons

La **voie profonde**, rendue possible par l'existence des nombreux Méridiens secondaires est celle qui nous est donnée par l'ordre des pouls (voir plus loin). En plus de ces deux grandes voies il existe, nous l'avons vu, des voies de délestage que sont les Méridiens curieux. L'énergie circule dans les Méridiens suivant un horaire bien précis : elle passe deux heures dans le premier Méridien, ensuite deux heures dans le suivant et ainsi en vingt quatre heures elle a circulé dans tous les Méridiens et peut recommencer son cycle. Chaque Méridien est donc en plénitude d'énergie durant deux heures mais aussi en vide d'énergie durant la même durée (au moment où l'énergie est la plus éloignée de lui). L'existence d'une double circulation, régulièrement rythmée, donne lieu à des rapports privilégiés entre certains Méridiens ; c'est ce que les Chinois ont décrit dans un langage symbolique.

Rapports privilégiés dans le réseau des Méridiens

Ce rapport se manifeste, rappelons-le, du fait de la double circulation de l'énergie et de sa rythmicité. Les Chinois décrivent ainsi des rapports époux/épouse, midi/minuit, mère/fils. À ceux-ci, il convient d'ajouter les rapports entre les deux branches d'un même Méridien et les Méridiens couplés. Ainsi, à l'organisation anatomique du réseau de base, grâce aux nombreuses anastomoses, se superpose une organisation énergétique. Ces rapports ne sont pas sans intérêt dans le traitement et, si l'on désire, par exemple, disperser un organe dont l'énergie est en excès, on pourra soit tonifier l'organe qui lui répond dans le rapport midi/minuit, soit encore celui qui lui répond au niveau du rapport époux/épouse. La tonification de l'un ne pouvant se produire sans la dispersion de l'autre puisqu'il s'agit d'un circuit fermé de circulation d'énergie.

1. Rapport époux-épouse

Il s'agit de deux Méridiens de même nature (Inn ou Yang), situés dans une même portion du corps (membres supérieurs ou inférieurs). Leur rapport se manifeste au niveau du pouls : ils battent identiquement sur le même segment de l'artère radiale. Le pouls gauche qui bat le plus fort est l'époux, le droit étant alors l'épouse.

2. Rapport midi-minuit

Il s'agit de deux Méridiens de nature différente et séparés par cinq autres Méridiens. L'un est en plénitude d'énergie tandis que l'autre est en minima.

3. Rapport mère-fils

Ce rapport existe pour la circulation superficielle et pour la circulation profonde. Le Méridien qui envoie l'énergie est la Mère, celui qui la reçoit est le Fils.

4. Méridiens couplés

Dans la grande circulation superficielle, un Méridien Inn suit un Méridien Yang, le Méridien Yang qui lui est adjacent est lui-même suivi par un Méridien Inn ; ceci, suivant la formule : Inn — Yang — Yang — Inn — Inn — Yang — Yang — Inn — Inn — Yang — Yang — Inn.

Les couples de Méridiens de polarité différente sont les Méridiens couplés. Notons qu'ils se reflètent au niveau du pouls : l'un est superficiel et l'autre profond. Remarquons également que l'un appartient à un viscère et l'autre à un organe (voir plus haut, page 40, Tsang et Fou).

5. Rapport entre deux branches d'un même Méridien

Les douze Méridiens droits, sont unis aux douze Méridiens gauches par des vaisseaux transversaux (vaisseaux Lo). Notons que le réseau que nous venons de décrire et dans lequel circule l'énergie se rencontrerait également dans tout le règne vivant. Le Docteur Borsarello rapporte dans son ouvrage sur l'acupuncture et l'Occident (8-59) une petite expérience encore inexpliquée, sur la tomate. Si on soumet un secteur de tomate à un faisceau concentrique de rayons ultraviolets, il apparaît une petite tache jaune sur la tomate à l'endroit d'impact de ces rayons ; ceci est normal. Ce qui l'est moins, c'est qu'une tache identique apparaît sur la partie symétrique du légume (et non sur le diamètre). La seule hypothèse est qu'il existerait dans la tomate un réseau d'acupuncture, comme chez l'homme.

On sait d'ailleurs, depuis peu, combien le règne végétal est sensible aux influences électromagnétiques.

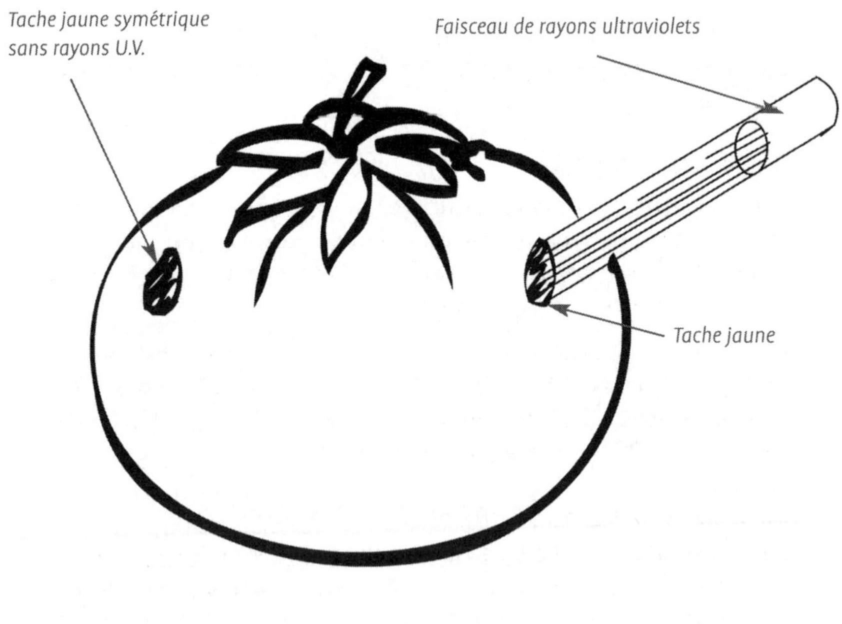

Des réseaux d'énergie semblent exister dans tout le règne vivant.

3. Les fondements de l'acupuncture

Les points (Hsueh)

Les points ou « puits » (*Hsueh*) sont disséminés sur toute la surface cutanée et n'ont actuellement pas de base anatomique connue.

De nombreux travaux ont été faits dans ce but et en dehors du fantaisiste système coréen de Kyeungrag (corpuscules Bonghan), aucune recherche anatomique précise n'a abouti. On sait, cependant, qu'anatomiquement les points figurent en des endroits de dépression ; un certain vide existe sous eux. Les derniers travaux chinois montrent qu'**ils sont situés en des endroits où la concentration en filets nerveux, vaisseaux sanguins, lymphatiques et récepteurs cutanés est maximale**. Puisque les points doivent assurer le contact entre le microcosme et le macrocosme, il est naturel de les trouver sur la peau, à faible profondeur. Rappelons que la peau est non seulement le contact entre le microcosme et le macrocosme, mais elle est également lieu de contact entre l'homme et ses semblables ; de plus elle reflète souvent, non seulement les troubles physiques mais, également, les troubles psychiques. Nombre de ces derniers ont une répercussion au niveau de l'épiderme et du derme ; il n'entre, cependant, pas dans le cadre de cet ouvrage d'en faire un exposé. Il semblerait (plusieurs l'affirment !) qu'un acupuncteur expérimenté puisse sentir le point par la palpation, il est en creux.

Les points existent dès la naissance et persistent chez le cadavre jusqu'à la décomposition de la peau. Les points sont soit situés sur les Méridiens, soit encore hors Méridiens (points extraordinaires). Le Docteur Grall a constaté qu'après une greffe de peau, la topographie des points d'acupuncture et des Méridiens demeure invariable. Le greffon séparé de son territoire d'origine perd ses propriétés initiales et acquiert celles de la région greffée. Cependant, indépendamment des modifications que peut subir un territoire cutané sous l'action de l'énergie circulante, les points ont bien une individualité propre. C'est ce qu'a démontré le Docteur Niboyet qui écrit : « Les points persistent chez le cadavre aussi longtemps que se conserve l'intégrité de la peau. Ils sont même plus apparents électriquement, car la différence de résistance à l'électricité entre les points et le tégument environnant est plus grande chez le cadavre que chez le vivant ». (63-31)

L'acupuncture

Un mystérieux crayon

Lorsqu'on se rend pour la première fois chez un acupuncteur, on se pose naturellement de nombreuses questions. La séance d'acupuncture manque souvent, par elle même, d'exotisme mais un petit objet (pourtant résolument moderne) étonne les patients. Cette sorte de crayon, que le médecin balade sur la peau, se met parfois à clignoter ou encore déclenche une sonnerie.

Qu'est-ce donc ? Cet appareil bien peu mystérieux en regard du lecteur de DVD, des téléphones portatifs et de nombreux appareils électroménagers est un détecteur électrique de points d'acupuncture. L'appareil le plus simple se compose d'un petit circuit intégré enfermé dans un boîtier duquel s'échappe un fil terminé par une pointe métallique (électrode). Cette pointe, appelons-la crayon, est surmontée d'une petite lampe. Le médecin balade ce crayon sur la peau et parfois la petite lampe s'allume : un point d'acupuncture est détecté. En fait, l'appareil envoie un très léger courant électrique à travers la peau, si la résistance de celle-ci est importante le courant ne passe pas ; par contre, si la résistance est faible le courant traverse la peau et revient vers l'appareil. En revenant, il excite une petite diode qui s'allume. Ce système repose sur une grande découverte dont un médecin français, le Docteur Niboyet, a fait sa thèse de doctorat en physique : **les points d'acupuncture sont des points de moindre résistance électrique**. Le lecteur imaginera facilement les nombreuses difficultés surmontées par le Docteur Niboyet pour arriver à un résultat crédible ; contentons-nous de citer une partie de ses conclusions : « Il peut sembler banal et normal que dans chaque zone de quelques centimètres carrés on trouve un point de résistance inférieure à celle présentée par tous les autres points. L'originalité de ces localisations est liée à deux faits importants que nous énonçons :

1. Tous les points localisés avec exactitude sur des zones symétriques du corps à droite et à gauche sont rigoureusement symétriques et ceci dans 90 % des cas (...).
2. Tous les points localisés se superposent dans 90 % des cas d'une manière rigoureuse avec ceux décrits par la tradition chinoise comme étant des points d'acupuncture. Aussi ces points semblent jouir de propriétés vraiment particulières puisque :

- leur résistance faible ne peut être expliquée par des considérations classiques ;
- leur existence se retrouve d'une manière rigoureusement symétrique sur le corps humain ;
- leur localisation coïncide avec celle décrite par la tradition chinoise. » (Niboyet, 64-250).

Le Docteur Niboyet a également démontré que si l'on mesure deux points entre deux électrodes, la résistance obtenue est toujours plus faible lorsque les deux points appartiennent à un Méridien que s'il s'agit de points hors Méridien. **Il existe donc des trajets de moindre résistance électrique, qui sont les Méridiens.**

Localisation des points dans l'Antiquité et aujourd'hui

Le lecteur sait, maintenant, qu'il est possible de localiser les points d'acupuncture par l'électronique, mais il se demande, certainement, comment on pratiquait avant cette découverte ?

Trois méthodes étaient utilisées.

La première méthode, celle de l'unité proportionnelle, consistait à diviser la longueur ou la largeur du corps en un nombre déterminé de parties égales entre elles. Chaque partie est l'unité proportionnelle appelée **Tsoun**.

*La seconde méthod*e consistait à utiliser les doigts du patient comme étalon suivant la règle illustrée ci-après :

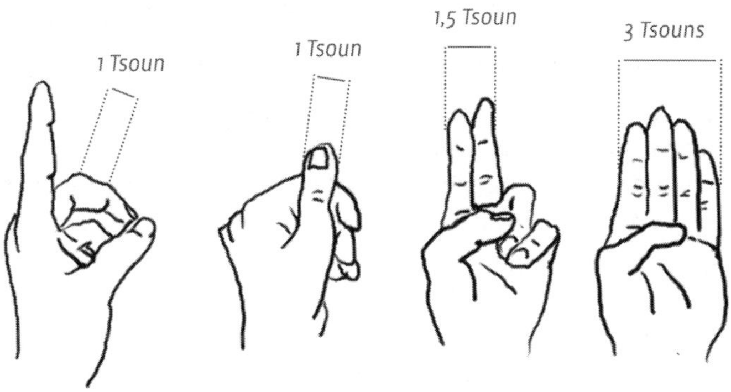

Pour mesurer les Chinois se servaient de mesures « naturelles » dont l'unité était le Tsoun.

La dernière méthode utilisait les repères naturels.

Actuellement, toutes ces méthodes ont été détrônées par la détection électronique. Celle-ci se fait chez l'homme et chez l'animal. Elle a déjà permis la découverte de nouveaux points et permet de dresser des cartographies précises pour tous les animaux (les Chinois n'ont de carte que pour les animaux utilitaires).[18]

De plus, en auriculothérapie (c'est-à-dire en acupuncture de l'oreille, voir plus loin), la détection des points permet également de poser un diagnostic. De nombreuses équipes dans le monde ont travaillé à mettre au point un appareil sensible mais maniable et capable de dresser des cartes de points. Parmi ces travaux, il faut retenir ceux du Docteur Voll, médecin allemand, dont les recherches sur l'électroacupuncture sont encore peu connues en France mais dont les découvertes portant sur les correspondances anatomiques sont intéressantes.

Action énergétique des points

Le médecin qui utilise telle ou telle programmation de points pour soigner le malade, le fait car il sait que les points ont tous un rôle énergétique propre. Ainsi, grâce à sa programmation, il espère obtenir le meilleur résultat. Au début de l'anesthésie par acupuncture les médecins chinois utilisaient de nombreuses aiguilles ; aujourd'hui, ils n'en utilisent plus que trois ou quatre. Le bon médecin acupuncteur est celui qui en place peu ; il connaît le rôle de chaque emplacement et n'est donc pas obligé de truffer le corps d'aiguilles pour obtenir un bon résultat.[19] En médecine occidentale, également, il est rarement nécessaire de prescrire de nombreux médicaments. Lorsqu'on connaît bien une maladie, le traitement en est codifié et une à trois drogues suffisent. Par contre si la maladie est encore mystérieuse, ou le médecin inexpérimenté, il est nécessaire de procéder à de nombreux essais médicamenteux. Nous pensons que le lecteur sera intéressé par une brève description des principaux points caractéristiques d'un Méridien. Dans cette description nous signalons l'action du point au niveau de la circulation de l'énergie. Nous espérons que maintenant déjà, le lecteur a conscience que le bon médecin acupuncteur ne se contente pas de stimuler des points selon « des recettes toutes faites » mais qu'il

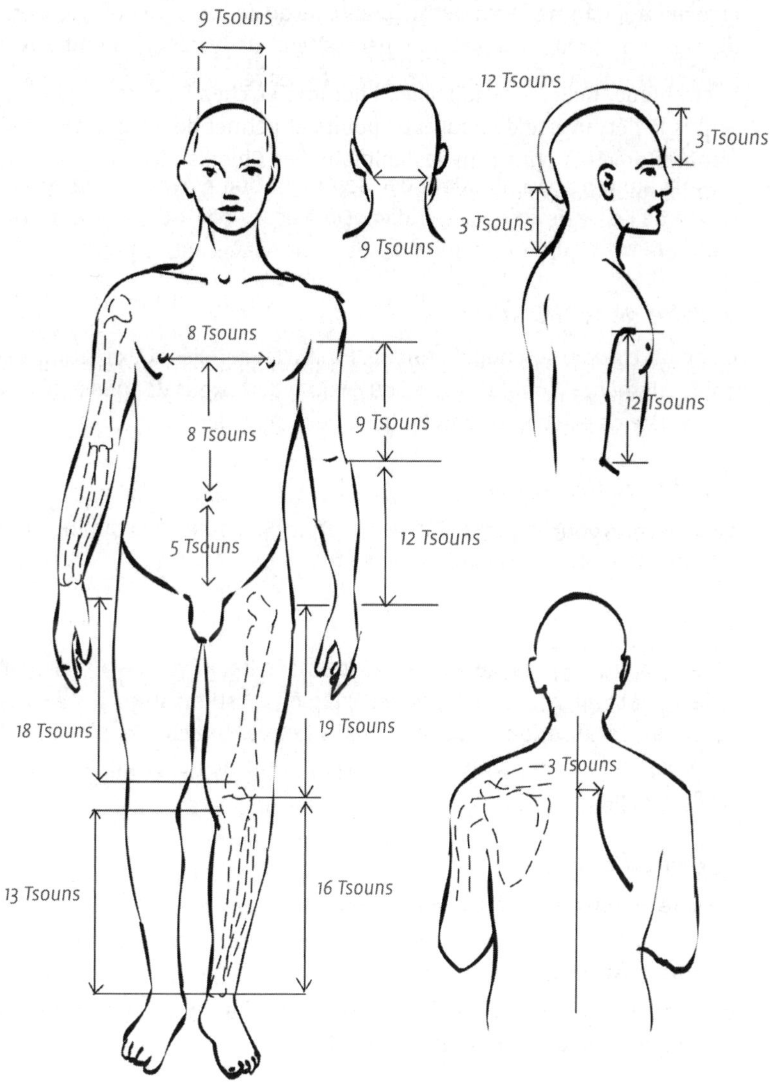

Méthode de l'unité proportionnelle. Les Chinois utilisaient les repères du corps pour déterminer des mesures très précises.

crée un programme personnalisé pour chacun de ses patients en fonction de très nombreux critères qui nécessitent un examen minutieux du malade et une connaissance très sérieuse des règles de l'acupuncture.

1. Point Yunn

C'est le point de base du Méridien. Son excitation provoque une régularisation de l'énergie dans le Méridien. De plus, ce point est souvent utilisé pour renforcer l'action produite par l'excitation des autres points.

2. Point de Tonification

Ce point, comme son nom l'indique, tonifie le Méridien. L'excitation de ce point augmente l'amplitude du pouls en rapport. Nous donnons plus loin, la manière de calculer ce point, ainsi que le suivant.

3. Point de Dispersion

Ce point provoque la dispersion de l'énergie. Son excitation diminue l'amplitude du pouls correspondant au Méridien.

4. Point Lo

C'est le point de passage qui, par l'intermédiaire du vaisseau secondaire, relie un Méridien à son Méridien couplé. La stimulation de ce point provoque l'égalisation de l'énergie dans deux Méridiens couplés et entre deux branches d'un même Méridien (voir la troisième partie : les travaux de Becker, page 179).

5. Point d'Entrée

C'est le premier point à recevoir l'énergie.

6. Point de Sortie

C'est par lui que l'énergie quitte le Méridien ; il est à noter qu'il ne s'agit pas toujours du dernier point du Méridien.

7. Point Mo

C'est le point Héraut de la nomenclature française. Ce point fait l'objet d'une étude particulière dans le paragraphe suivant.

8. Point Yu

C'est le point Assentiment des Français. Nous lui réservons également une étude plus détaillée.

9. Point Centre Réunion

Ce point agit sur plusieurs Méridiens simultanément.

10. Point Tsing

C'est le point de départ du Méridien tendino-musculaire. À ce point, ainsi qu'aux points suivants, nous réserverons quelques lignes dans le chapitre consacré à la loi des cinq éléments.

11. Point Yong

C'est le point d'accélération de l'énergie.

12. Point Yu

C'est le point d'absorption ; c'est par ce point que pénètre essentiellement l'énergie perverse.

13. Point King

Ce point a une double fonction ; il agit comme point d'accélération et, d'autre part, il transporte l'énergie en profondeur.

14. Point Tsri

C'est le point de désobstruction ou de déblocage de l'énergie.

15. Point Ho

Ce point est placé aux endroits des grandes articulations du coude ou des genoux et agit comme point de dispersion. Il signale également une modification de trajet du Méridien.

Le remarquable système des points Yu et Mo

Il existe sur la face antérieure du corps et sur le dos une série de points qui ont la propriété remarquable de donner des informations sur les organes et d'agir sélectivement sur les organes des sens. Les uns agissent particulièrement dans les maladies aiguës, les autres sont actifs pour les maladies chroniques.

1. Les points Mo : points de diagnostic

Ceux-ci sont désignés par les acupuncteurs français sous le nom de **points Héraut** (car ils attirent l'attention sur la maladie comme le joueur de trompette annonce l'arrivée du chef) et sont situés sur la face antérieure du corps : thorax et abdomen. Ce sont des points de **condensation de l'énergie** de l'organe sous-jacent. Ils sont parfois spontanément douloureux et indiquent dès lors que l'organe auquel ils correspondent est malade. Tous les Méridiens principaux ont un point Mo, à l'exception du Méridien Maître du Cœur et du Triple Réchauffeur (certains travaux décrivent cependant pour ce dernier quatre points Mo).

Il y a donc **dix points Mo sur la face antérieure**. Tous les points d'acupuncture sont douloureux lorsqu'il y a une pathologie de l'organe, mais les points Mo, points de concentration de l'énergie, présentent cette particularité de façon quasi constante. Remarquons que la plupart du temps les points Mo ne se situent pas sur le Méridien principal de l'organe mais bien sur un autre Méridien ; très souvent sur le Jenn Mo (quatre fois). La stimulation des points Mo provoque un afflux d'énergie dans le Méridien.

2. Les points Yu : points de traitement

Les points Mo, points de diagnostic, sont complétés par les points Yu, points de traitement. Ces points appartiennent au Méridien de la Vessie, ils sont donc situés sur le dos parallèlement aux ganglions sympathiques paravertébraux.

Ces points — également douloureux s'il y a une pathologie d'organe — agissent directement sur l'organe malade. En France, on les appelle **points Assentiments** car ils apportent leur assentiment, leur collaboration au traitement du malade par les points principaux. Alors que les points Mo sont douloureux dans les états aigus, les points Yu sont davantage en rapport avec les états chroniques.

Ces points sont également utiles pour traiter les organes des sens. Lors de l'étude de la loi des cinq éléments, nous insisterons sur les rapports entre les organes et les organes des sens ; signalons simplement ici que le foie est en rapport avec les yeux (le premier signe d'une hépatite n'est-il pas la coloration jaune des conjonctives ?) et le rein avec les oreilles (ce que l'embryologie confirme). Ainsi on agira sur le point Yu du Foie pour traiter les yeux et le point Yu des reins pour soigner les oreilles.

Il existe treize points Assentiment qui correspondent aux douze Méridiens principaux et au Méridien curieux Tou Mo (Vaisseau Gouverneur). Une de leurs propriétés est de calmer la douleur et ils seront donc très utiles dans les douleurs d'organes comme, par exemple, les crises hépatiques.

L'énergie (Tchi)

L'énergie ou *Tchi* est définie par les classiques comme ce qui est impalpable et abstrait. L'énergie est à l'origine de toute matière concrète ; elle est donc une manifestation du Tao. L'énergie ne se voit et ne se comprend qu'à travers des modifications matérielles. On rejoint ainsi le concept moderne comme quoi énergie et matière sont de même nature. La première constatation de l'existence d'une énergie fut faite chez certains sujets qui, lors de la stimulation des points, disaient sentir quelque chose qui passe de l'endroit de la stimulation vers une autre région, située sur le Méridien. Nous pouvons nous imaginer la sensation perçue ; elle doit être semblable à celle que l'on ressent par l'application d'un léger courant sur une muqueuse. L'observation de cet effet a permis de constater que la stimulation d'un point donnait toujours le même trajet de passage ; suivant le Méridien stimulé, la direction de l'énergie était soit centrifuge soit centripète. C'est cette énergie, ressentie par la stimulation des points, qui circulerait dans le corps en empruntant le trajet des Méridiens.

Pour les Méridiens Yang, elle se dirige vers le bas ; pour les Méridiens Inn sa direction est le ciel.

Le réseau de Méridiens que nous avons précédemment décrit lui permet un trajet complet, tant en superficie qu'en profondeur.

Le Tchi

Ce phénomène de propagation d'une sensation a beaucoup intéressé les médecins chinois actuels et, lors de l'important congrès de Pékin (1979), il fit l'objet de nombreuses communications. Normalement dès qu'une aiguille pénètre dans la peau à la profondeur requise, on observe une sensation de gonflement, d'engourdissement, de lourdeur, de picotement ; c'est, nous l'avons dit, le Tchi. Ce phénomène dépend de nombreux facteurs tels que l'emplacement du point choisi, la profondeur de l'aiguille, la constitution du sujet. Dans l'ouvrage classique de l'*Académie de médecine traditionnelle de Chine*, il est dit : « Par exemple, quand on pique les points situés sur la tête et la face, le patient ressent très souvent une dilatation ; la sensation d'engourdissement est facilement produite aux endroits où les parties molles sont épaisses ; la sensation de douleur est souvent éprouvée lorsqu'on pique les points situés sur la paume de la main ou sur la plante du pied et sur le bout des doigts ou des orteils ; la sensation de douleur fulgurante irradiée à distance provient souvent de la piqûre sur des points des membres ». Le Docteur Niboyet signale que le patient qui éprouve facilement le Tchi aura de bonnes chances d'être anesthésié par l'acupuncture ; par contre, s'il ne ressent pas le Tchi, il y a de fortes probabilités pour qu'il soit acupuncturorésistant. Aux Symposia de Pékin (1979), les médecins chinois ont fait remarquer que cette sensation dépend également de la présence à l'endroit stimulé d'une structure nerveuse ; il leur semble que cette recherche devrait même faire partie de tout examen neurologique. En effet, même en cas de perte totale de la sensibilité, l'existence de cette sensation plaiderait en faveur d'une certaine continuité anatomique du nerf. Ayant à leur actif plus de 3000 opérations par acupuncture concernant la chirurgie maxillo-faciale (et 1500 opérations sur les membres), les médecins chinois estiment que pour obtenir une bonne analgésie, il est absolument nécessaire d'obtenir ce

Tchi. Ce phénomène de sensation propagée le long des vaisseaux serait, selon certains, à l'origine même de la découverte de l'acupuncture. Des découvertes archéologiques récentes prouvent, par ailleurs, que la théorie des Méridiens a précédé celle des points. Ce phénomène peut également être déclenché par la simple pression des points. Notons que ce phénomène n'est vraiment net que dans 2 % des cas et inexistant dans 80 % (statistique chinoise portant sur 80 000 personnes). Ne désespérez donc pas si vous ne parvenez pas à le reproduire. Il semblerait que cette sensation est plus nette chez le malade que chez le bien portant, mais on ne possède pas de statistiques. La largeur de cette sensation va de 1 cm (sur les membres) à 10 cm (sur le tronc). Sa vitesse de propagation est variable et il faut parfois une heure pour qu'elle suive le trajet d'un Méridien. Ajoutons que des sensations identiques ont été produites par des tumeurs ou des stimulations des lobes pariétaux ; l'exérèse de la tumeur les fait disparaître : il y a donc, implication du cortex cérébral dans leur diffusion. En fin de compte, on suppose que cette sensation résulterait de la synthèse des sensations engendrées par la stimulation des filets nerveux, des capillaires, des lymphatiques et des éventuels récepteurs cutanés situés à cet endroit. Il s'agirait donc de l'intégration de nombreuses sensations éparses.

Circulation de l'énergie

Rappelons que celle-ci effectue un cycle complet en vingt-quatre heures. Chaque Méridien est en **plénitude** ou en **vide** durant deux heures. Ce sont les heures où l'organe est soit en plénitude, soit en déplétion qui sont propices aux accidents. Pour terminer, signalons que les Chinois distinguent trois types d'énergie qui sont l'énergie de défense, **Wei** ou **Oe**, contre les agressions extérieures, l'énergie **Iong** qui provient de l'assimilation des aliments et l'énergie **Tsing** qui est l'énergie ancestrale, celle transmise par les parents, laquelle se perpétue de génération en génération. Un parallèle entre cette conception et les vues modernes peut aisément être dressé. L'énergie globale qui circule dans le corps se transforme en énergie spécifique pour chaque organe ou fonction.

Les niveaux d'énergie

Tout mouvement est binaire et toute architecture est ternaire, ainsi que nous l'avons expliqué plus haut. L'homme, architecture ternaire de référence, présente donc trois étages d'énergie et sa décomposition, même moléculaire, aboutit, ainsi que le prouvent les expériences modernes, à une architecture à trois niveaux. En acupuncture, on distingue trois niveaux d'énergie Yang et trois niveaux d'énergie Inn. Le Yang suprême étant le plus superficiel (extérieur) de ces niveaux. Chaque Méridien possède un niveau d'énergie et c'est ce niveau qu'indique la désignation chinoise du Méridien. Il y a donc six niveaux énergétiques (à comparer aux hexagrammes). Les trois niveaux Yang sont :

- le Yang suprême : **Tae Yang** ;
- le Yang moyen : **Chao Yang** ;
- le Yang inférieur : **Yang Ming**.

Les trois niveaux Inn sont :

- le Inn suprême : **Tae Inn** ;
- le Inn moyen : **Chao Inn** ;
- le Inn inférieur : **Tsiue Inn**.

Notons que certains de ces niveaux sont charnières dans le Yang, dans le Inn ou encore charnière générale Yang Inn. Ainsi la disposition générale des six niveaux d'énergie est légèrement perturbée (une explication détaillée des raisons de cette disposition nous mènerait trop loin) et se présente ainsi :

- Tae Yang
- Chao Yang
- Yang Ming
- Tae Inn
- Tsiue Inn
- Chao Inn

Chaque niveau correspond à deux Méridiens et nous obtenons ainsi la correspondance générale suivante :

- Tae Yang : Intestin Grêle et Vessie ;
- Chao Yang : Triple Réchauffeur et Vésicule Biliaire ;
- Yang Ming : Gros Intestin et Estomac ;
- Tae Inn : Poumons et Rate ;
- Tsiue Inn : Maître du Cœur et Foie ;
- Chao Inn : Cœur et Reins.

Remarquons que les Méridiens de même énergie se suivent dans la circulation générale et que si le premier appartient au membre supérieur, le second appartient au membre inférieur ; ceci pour les Méridiens de nature Yang. Pour les Méridiens Inn, le premier est un Méridien du membre inférieur et le second est du membre supérieur. Ceci correspond au sens général de la circulation de l'énergie.

La pulsologie

Bien peu d'acupuncteurs sont capables d'utiliser les renseignements fournis par les pouls. La difficulté de leur perception et l'absolue nécessité d'un Maître en font une branche délaissée de la médecine chinoise. Pourtant, c'est essentiellement grâce aux renseignements qu'ils fournissent que le médecin peut pratiquer une **médecine préventive**. La pulsologie est relativement tardive dans la médecine chinoise et le premier volume dont nous ayons connaissance a été rédigé au troisième siècle par Wang Chou-Houo. Dans son *Traité des pouls*, il donne la description des vingt-huit principales altérations de celui-ci. Le second ouvrage important n'a été écrit que huit cents ans plus tard, c'est le *Traité des pouls au bord du Lac*, écrit par Li Tce Tchen. Au XIVe siècle, un médecin persan l'a recopié et ce document est visible à Istanbul. Dans son *Traité d'acupuncture*, le Docteur Niboyet note que dans la cordillère des Andes, dans des villages quasi inaccessibles et dont l'héritage culturel vient des Incas, les médecins sont capables par la seule prise du pouls de diagnostiquer une maladie et même, semble-t-il, le sexe de l'enfant à naître.

La pulsologie en Chine et en Europe

La première publication française faisant état dans un langage simple de la pulsologie chinoise date du XVIIe siècle. Elle serait due à un missionnaire, le Père Couplet, qui l'aurait écrite de 1665 à 1668. Vers la même époque, deux autres ouvrages, rédigés par des médecins de la Compagnie néerlandaise des Indes Orientales (Boym et Clyer) eurent également une large diffusion. Outre les pouls, ces médecins décrivaient également d'autres « merveilles » de la médecine chinoise.

En Chine, la prise du pouls fait partie de tout examen médical. Elle précède ou termine l'interrogatoire du malade. Le médecin palpe lentement les deux poignets et détermine ainsi les quatorze pouls classiques. Il lui est loisible de continuer son examen pulsologique par la palpation des pouls périphériques.

En Occident, la prise du pouls, ainsi que l'analyse des humeurs (urines, fécès, etc.) fait normalement partie de l'examen médical[20]. Galien, médecin grec du second siècle, dont l'influence fut considérable jusqu'au XVIIe siècle distinguait, quant à lui, jusqu'à trente-deux pouls différents. Concours de circonstances, les écrits concernant la pulsologie chinoise arrivent en Europe alors qu'Harvey, célèbre médecin anglais, vient de découvrir la circulation sanguine. Cette découverte fondamentale montrant l'existence d'une circulation sanguine dans tout le corps et sa division en deux circuits indépendants (la grande et la petite circulation), associée aux nouvelles de Chine, jeta les médecins européens dans l'euphorie de la recherche. On construisit de nombreux appareils et les missionnaires restés en Chine servaient d'intermédiaires à une riche correspondance. Plusieurs médecins, s'inspirant des découvertes chinoises rédigèrent leurs propres conceptions de la pulsologie. Les ouvrages chinois furent vite oubliés et au XVIIIe siècle, Lepage se demande dans quelle mesure les Chinois ont assimilé les connaissances européennes en pulsologie !

Ainsi se construisent la science... et la renommée !

Les bases de la pulsologie chinoise

Le pouls se prend au niveau des deux artères radiales. Trois doigts compriment l'artère, l'un en avant de l'apophyse styloïde, l'autre au niveau de cette apophyse et le troisième en arrière. Suivant la pression qu'il exerce, le médecin a à sa disposition plusieurs manifestations du pouls. Les Chinois utilisent trois types de pression : légère, moyenne et forte. Ainsi, pour chaque poignet, ils ont à leur disposition neuf manifestations du pouls. Au total dix-huit pouls différents peuvent être analysés. Les Chinois trouvèrent d'abord la concordance pour les pouls superficiels et moyens et plus tard pour deux pouls profonds ; ceci nous donne la théorie des **quatorze pouls chinois**. Chacun des pouls correspond à un Méridien suivant le tableau reproduit ci-après. Actuellement, de nombreuses analyses ont été effectuées au moyen de divers palpeurs, d'oscilloscopes, etc., et plaident en faveur de cette théorie. Le chirurgien Leriche a, par ailleurs, montré que les artères, comme les ondes, présentent des ventres et des nœuds et que, sur un même trajet, on pouvait percevoir des modifications d'amplitude et de structure. Nous avons déjà insisté sur la circulation profonde de l'énergie et nous avons dit qu'elle suivait **l'ordre des pouls** ; le tableau de la circulation d'énergie le montre clairement. La circulation profonde est la suivante :

Pour l'énergie Inn : Reins → Foie → Cœur → Maître du Cœur → Rate-Pancréas → Poumon

Pour l'énergie Yang : Vessie → Vésicule Biliaire → Intestin Grêle → Triple Réchauffeur → Estomac → Gros Intestin

Comme le lecteur peut s'en rendre compte, cela correspond strictement à l'ordre des pouls.

Tableau des pouls chinois et de leur concordance avec les Méridiens

N°	Profondeur	Poignet Droit	Poignet Gauche
I	Superficiel	Gros Intestin	Intestin Grêle
	Moyen	Poumon	Cœur
	Profond	—	—
II	Superficiel	Estomac	Vésicule Biliaire
	Moyen	Pancréas	Foie
	Profond	Rate	—
III	Superficiel	Triple Réchauffeur	Vessie
	Moyen	Maître du Cœur	Rein
	Profond	—	Rein

Les numéros I, II, et III correspondent aux trois localisations, c'est-à-dire en avant, sur, et en arrière de l'apophyse styloïde du radial.

Remarquons que les vaisseaux couplés sont également représentés au niveau du pouls sur un même segment de l'artère radiale : l'un est superficiel et l'autre profond. Le tableau des pouls nous permet encore de nombreuses autres découvertes (dont la loi des cinq éléments) mais ceci est déjà affaire de spécialistes.

Description des pouls

C'est donc au IIIe siècle que Wang Chou Houo rédigea le premier volume important consacré aux pouls. Dans cet ouvrage, il donne la description des vingt-huit principales altérations qui peuvent se présenter. Les caractéristiques du pouls concernent sa forme, son rythme, sa structure. Pour l'exemple, nous proposons deux pouls qui sont également étudiés en Occident.

Le **pouls Tsie**, est un pouls lent, il y a quatre battements pour une respiration et de temps en temps il s'arrête et repart. C'est un pouls de mauvais pronostic. Le Inn trop puissant détruit le Yang. L'homme doucement retourne à la terre.

Le **pouls Chou** est rapide, six battements pour une respiration ; c'est un pouls qui indique la fièvre. Le Yang est trop puissant.

Notons qu'avec les pouls, on obtient des informations concernant les organes qui sont relativement « muets » sans examens très spécialisés, comme la vésicule biliaire et la rate. Par ailleurs, les pouls renseignent également sur l'état de « nervosité » du malade ; le médecin occidental ne se prive d'ailleurs pas de cette information.

Les cycles

Les cycles et la chronobiologie

Séparées durant des siècles quant à leurs conceptions du monde et de la maladie, les sciences occidentales et orientales se rejoignent aujourd'hui comme les deux pôles du Tao dans un mouvement d'alternance et de continuité. L'espérance jadis formulée par les premiers acupuncteurs occidentaux d'un jour où les deux sciences au lieu de se rejeter, au contraire, s'enrichiraient mutuellement, est en passe de se réaliser.

Les Chinois, nous l'avons dit et redit, étaient fort attachés aux rythmes de l'Univers. Microcosme dans le macrocosme, l'homme devait manifester en lui les grandes lois cycliques de l'univers ; d'où l'importance accordée au rythme des saisons, à l'heure du jour, etc. La tradition enseigne que certaines maladies ne se déclarent qu'à des époques précises de l'année et que la stimulation des points doit obéir à certaines lois horaires. Ainsi, l'excitation de quelques points est inefficace s'ils sont stimulés en dehors des mois ou des heures de réceptivité. Outre les cycles qui nous sont également familiers (les quatre saisons, le jour et la nuit, le cycle lunaire, le cycle solaire), les Chinois distinguaient encore un cycle de dix ans, un cycle de douze ans et un cycle de soixante ans. L'interaction des cycles et des impératifs du Tao se concrétisa en une codification très subtile et extrêmement logique des règles thérapeutiques, dont l'étude ne peut malheureusement être faite ici[21]. Rappelons simplement que l'énergie parcourt les Méridiens en un cycle de vingt-quatre heures et que la stimulation des points doit tenir compte de l'état d'énergie du Méridien et de l'organe ; cet état d'énergie est fonction de l'heure, du jour, du mois, de l'année, etc. Ces rapports entre le microcosme et le macrocosme n'ont pas toujours été dédaignés, pour témoin le texte, ci-après, d'Hippocrate, ayant trait à la nature.

Le Macrocosme et le microcosme dans la théorie d'Hippocrate

« La pituite augmente chez l'homme pendant l'hiver. C'est aussi l'humeur du corps la plus analogue à l'hiver, car c'est la plus froide et la plus humide. Il est aisé de s'en assurer. Si l'on touche successivement de la pituite, de la bile et du sang, on trouvera que la pituite est la plus froide. Elle est de plus visqueuse, et ne s'allie avec la bile que difficilement. Qu'elle augmente pendant l'hiver, cela paraît manifeste en cette saison. C'est aussi l'hiver que surviennent principalement les œdèmes, les tumeurs blanches et toutes les maladies pituiteuses. (...)

Le sang augmente dans le printemps, alors que la pituite est encore forte, que les froids diminuent et que les pluies viennent. Le sang doit prendre de l'accroissement car il est par sa nature analogue à la constitution de cette partie de l'année puisqu'il est chaud et humide. La preuve de ce que je dis est que les hommes, dans le printemps et dans l'été, sont les plus exposés aux dysenteries sanglantes et aux hémorragies du nez. Ils sont alors plus rouges et plus chauds. (...)

Ainsi, dans l'année, tantôt l'hiver domine, tantôt le printemps ou l'été, ou l'automne. Dans l'homme, c'est ou la pituite, ou le sang, ou la bile, ou l'atrabile (bile noire) qui domine.

Si l'on purge le même homme avec le même remède quatre fois dans l'année, aux quatre saisons différentes, il rendra l'hiver des matières très pituiteuses, le printemps des matières délayées dans l'humide sanglant et l'été de la bile ; l'automne de l'atrabile.

Les maladies qui augmentent l'hiver doivent finir l'été ; celles qui se multiplient l'été doivent s'arrêter l'hiver.

Quant aux maladies qui viennent dans le printemps, il faut attendre l'automne pour les voir s'en aller. Celles qui se manifestent dans l'automne se dissipent nécessairement au printemps. » (Docteur Martiny, 53-166)

La chronobiologie du Moyen Âge à nos jours

Récemment redécouverte, la chronobiologie restait cependant présente dans le peuple, et de nombreux dictons météorologiques – qu'il ne nous est pas possible d'analyser ici – en font foi. Contentons-nous d'illustrer ceci par quelques aphorismes extraits d'un ancien calendrier :

> « Je ne devrais pas prendre de ce breuvage,
> Si ce n'est sous un signe meilleur. »

Et ces autres vers :

> « Celui qui ose prendre une médecine
> Sans tenir compte des signes.
> Ou qui ne s'y conforme pas,
> En subira le dommage. »

L'astronomie et l'astrologie, alors science unique, étaient étudiées par les médecins ; ceux-ci, d'ailleurs, ont été les premiers à s'intéresser à la mesure du temps et certains d'entre eux (qui étaient également mathématiciens, physiciens, astronomes), ont construit de petites machines pour le mesurer. Puisque le Macrocosme influençait le microcosme, il était important de diviser le corps humain en douze parties, comme on avait divisé la voûte céleste en douze secteurs. Ces douze secteurs sont les maisons du ciel ou signes du zodiaque.

Nous retrouvons ici la correspondance avec les douze Méridiens principaux décrits par les Chinois. Les médecins occidentaux ne se sont pas contentés d'une simple concordance : ils ont dressé de véritables tables thérapeutiques. Plusieurs manuscrits du Moyen Âge indiquent les points de saignée en fonction des signes du zodiaque (des âmes pieuses les ont remplacés, parfois, par les douze apôtres...). De savantes études indiquent que ces tableaux qui partent tous du Bélier (aujourd'hui nous sommes dans la Constellation du Poisson, mais les horoscopes ne tiennent pas compte des changements !) ont tous été rédigés plusieurs centaines d'années avant l'ère chrétienne. Ainsi, des cartes populaires indiquaient l'époque de l'année ou l'heure souhaitable pour saigner les différents endroits. Comme telle, la chronobiologie, ainsi d'ailleurs que les horoscopes, n'intéressait, jusqu'à ces dernières années, que les esprits simples. Ceci, jusqu'au jour où l'on découvrit qu'une dose identique de médicament, injectée à différentes heures, à des souris de souche identique, en tuait seulement quelques-unes ou bien presque toutes. La chronobiologie scientifique était née.

Chronobiologie scientifique

L'organisme ne réagit donc pas de façon identique aux drogues durant toute la journée. Cette première découverte allait en amener beaucoup d'autres dont l'importance dans le traitement des maladies se révéla primordiale. Ainsi, il apparut que certains cancers répondaient mieux à de petites doses de médicaments, à certaines heures de la journée, qu'à des doses plus importantes injectées en dehors de ces heures. Lorsqu'on sait la toxicité de ces chimiothérapies, il est clair qu'une telle découverte allait mobiliser les meilleurs esprits de la recherche internationale. On constata que les cellules cancéreuses ne se multipliaient que durant certaines heures de la journée et qu'ainsi, puisque c'est durant sa multiplication que la cellule est la plus sensible, il suffisait de connaître ses rythmes de reproduction pour agir avec une efficacité plus grande. Chaque cellule de l'organisme possède son propre rythme : les Chinois le savaient, l'Occident le découvre. Nous pensons que le lecteur serait intéressé par l'illustration d'exemples quotidiens, reflets des **rythmes circadiens et circaniens**. Par rythmes circadiens ou circaniens on entend des rythmes d'environ (*circa*, en latin) un jour (*dies*) ou un an.

3. Les fondements de l'acupuncture

Les rythmes du corps

Quiconque a déjà dû subir une prise de sang pour des recherches hormonales sait qu'il doit se rendre au laboratoire d'analyses deux fois dans la journée. En effet, la concentration des hormones est très différente le matin et dans l'après-midi. Les malades qui souffrent d'hypertension chronique, difficilement maîtrisable par les médicaments, prennent leur tension deux fois par jour ; des différences significatives apparaissent aux différentes heures. Ces différences ne sont pas en rapport avec les repas ou l'activité. En fonction de ces résultats, les directives au malade sont plus précises : le médicament doit être pris au moment de la hausse de tension et non lorsqu'elle est à son minimum. Certaines personnes sont des lève-tôt, d'autres ne sont actives qu'en fin de journée et l'expérience montre combien il est difficile de changer ce que l'on croit être des habitudes, mais qui en fait révèle les rythmes biologiques de l'individu. Ceux qui ont une vie relativement libre de contraintes horaires (par exemple, les écrivains), règlent leurs activités en fonction de leur horloge interne. Tel écrivain se lève tôt pour se mettre à la tâche, tel autre n'est inspiré qu'après minuit. Par contre si on impose à l'homme de nombreuses modifications de rythme, sa santé s'altère. Nous ne donnerons pour exemple que les problèmes d'adaptation après un long vol, comme Paris-New York. Les pilotes obligés de « brûler » plusieurs fuseaux horaires souffrent de troubles du sommeil, et les hôtesses de l'air ont des cycles menstruels très irréguliers. Il existe donc une horloge interne ; cette horloge est personnelle mais obéit cependant à certains « régulateurs » externes comme le lever du Soleil, la chaleur du jour, les horaires sociaux, etc. Pour mettre en évidence cette horloge interne, sans qu'elle ne soit perturbée par les « régulateurs », l'homme s'est prêté à de nombreuses expériences « hors du temps ». La plus célèbre est celle de Michel Siffre qui resta cinquante-deux jours dans un gouffre. D'autres, plus tard acceptèrent des expériences similaires (Josy Laures, trois mois ; Jacques Chabret, cinq mois ; etc.). Les conditions d'expériences étaient identiques : privé de montre, le sujet devait avertir la surface (par téléphone) de toute modification d'activité (sommeil, défécation, réveil, etc.). De ces expériences, nous ne retiendrons que l'allongement de la journée de l'homme « hors du temps ». Cette journée allongée avait la durée de la journée lunaire. Le rythme de l'homme est donc en rapport avec la Lune.

Les rythmes de la Lune

Les expériences faites sur l'homme ont été reprises avec les animaux et particulièrement avec le hamster. Placé dans des conditions de laboratoire où l'isolement est total, le hamster présente des journées qui correspondent exactement aux journées lunaires.

Une expérience de longue durée a montré que l'animal, au bout de quelque temps reprenait un nouveau rythme, qu'il reperdait ensuite. Il semble donc qu'il y ait non seulement influence lunaire mais aussi une influence solaire.

Signalons que de nombreux chirurgiens ont remarqué que les hémorragies sont plus importantes les jours de pleine Lune. Ces jours, d'ailleurs, de nombreuses personnes éprouvent des difficultés à s'endormir et les déséquilibrés sont plus actifs. Certaines polices doublent le nombre d'effectifs si la Lune est pleine et il était de tradition, dans quelques hôpitaux, au début du siècle, de battre préventivement les malades agités afin d'éviter les crises à l'approche de certains cycles lunaires[22]. La Lune agit sur les marées : on le voit. Elle agit également sur de nombreux animaux : on le découvre. Ainsi on a pu montrer que l'éclosion des moustiques se produit au moment de certaines phases lunaires.

La Lune n'est cependant pas le seul astre à modifier notre activité et notre humeur, le Soleil et les planètes agissent également.

L'influence des astres

Les jours et les nuits, les mois et les saisons sont les manifestations du rythme solaire. L'homme a besoin de ses rythmes tout comme les végétaux ont besoin des leurs. Ceux qui cultivent des plantes en appartement savent qu'il est nécessaire de mettre la plante au repos (froid, pénombre et suppression des arrosages) si l'on désire qu'elle refleurisse. Si le rythme des saisons n'est pas observé, la plante dépérit ; l'homme aussi a besoin des rythmes saisonniers. Cependant d'autres rythmes, moins manifestes sont également indispensables à son équilibre. La Terre, le Soleil et les astres de notre galaxie ont une activité magnétique. Celle-ci se manifeste sur terre par le champ magnétique visible grâce à une simple boussole, les champs magnétiques du Soleil se manifestent par les orages magnétiques. Ceux-ci occasionnent sur terre de nombreuses perturbations, dont celles des télécommunications. Leur influence sur les êtres vivants, bien qu'occulte est quasi certaine. Il semblerait (et on se base sur des statistiques de longue durée) que les accidents cardiaques soient plus fréquents les jours de grande agitation solaire. Pour apprécier leur influence, il faut bien entendu tenir compte du temps que mettent les ondes pour nous parvenir ; ainsi, l'homme est généralement décalé de vingt-quatre heures sur la Lune. D'autres statistiques montrent que les suicides sont plus fréquents durant les périodes d'activité solaire.

Au niveau de la chimie on a montré l'influence des « taches solaires » (qui indiquent une modification de l'activité magnétique) sur les globules blancs du sang, sur la vitesse de sédimentation, etc. Plusieurs chercheurs, intrigués par la périodicité des épidémies physiques (choléra, fièvre paratyphoïde, etc.) et psychiques (guerres, troubles sociaux) ont confronté les dates historiques avec celles des modifications de l'activité solaire. La concordance mérite d'être étudiée de plus près. Ajoutons pour terminer que le cycle des manifestations magnétiques solaires est d'un peu plus de onze ans. La concordance avec le cycle de douze ans des Chinois est elle fortuite ? Nous ne le pensons pas.

Actuellement, on sait que presque toutes les planètes ont une activité électromagnétique; cette activité se manifeste sur la terre, et très vraisemblablement, agit sur les êtres vivants.

Sans entrer dans les détails notons simplement que les expériences ont démontré l'action d'un champ magnétique sur les cellules. La puissance du champ magnétique importe peu et les résultats sont quasi identiques avec un champ important et avec un champ très faible. Ces appareils sont actuellement testés dans plusieurs universités dans le traitement des maladies (en particulier celles des os). Seul l'avenir nous dira leur importance pour les générations futures (voir troisième partie).

Comment mieux terminer ce paragraphe qu'en mettant en parallèle deux pensées séparées par des millénaires ? Pour les Chinois, nous l'avons dit, « L'homme est une antenne dressée entre le ciel et la terre » ; pour un chercheur américain, J. Petersen : « Le rayonnement solaire variable est la source d'énergie commune à la vie et au temps. L'homme est une sorte de "résonateur cosmique" » (Cité par Gauquelin, 35-146).

Les cinq éléments

La théorie des cinq éléments

La circulation de l'énergie dans le corps résulte de deux causes déjà décrites. Rappelons-les : la première est en rapport avec l'anatomie des Méridiens – nous avons vu que les douze Méridiens sont traversés par l'énergie en vingt-quatre heures suivant un trajet toujours identique ; la seconde est en rapport avec les saisons. L'homme, microcosme dans le macrocosme vit au rythme des saisons : printemps, été, automne et hiver ; de plus, vivant sur terre, celles-ci influencent également sa physiologie. Partant de ces cinq éléments, les Chinois ont créé un système extrêmement logique qui, non seulement, met les Méridiens en concordance avec les saisons et en harmonie avec les pouls mais permet également de calculer l'emplacement de certains points d'acupuncture. Le système des cinq éléments ou **système Wou-Hing** comprend deux cycles. Le premier cycle, dit cycle de production ou **cycle Cheng**, est une étude des transformations dans la nature ; le second, le **cycle Ko**, ou cycle d'inhibition, réalise un équilibre de telle sorte qu'il soit interdit à un élément d'en dominer un autre. La théorie des cinq éléments ne concerne pas uniquement la médecine, mais est à la base de toute la Sagesse chinoise. Ces cinq éléments gouvernent également la musique, l'art culinaire, l'opéra ou la littérature (signalons que les Chinois ont découvert la technique du roman plusieurs centaines d'années avant Honoré d'Urfé).

Cycle Cheng

Le jeu subtil des concordances dont nous n'allons donner qu'un bref aperçu n'est pas un jeu intellectuel mais – et nous insistons – fait partie intégrante du diagnostic et est la clé du traitement.

La première concordance avec les quatre saisons nous est donnée par les quatre périodes du jour : le lever, midi, le coucher, minuit. Le Soleil se lève à l'est, il se couche à l'ouest, son intensité maximale est au midi et son minimum au nord. Ceci nous permet de dresser, déjà, un premier tableau des concordances avec les solstices et les équinoxes :

naissance	**sommet**	**équilibre**	**minimum**
printemps	été	automne	hiver
est	sud	ouest	nord
Inn-Yang	Yang	Yang-Inn	Inn

Puisqu'il y a variations, il y a aussi un état neutre. Ce neutre, par rapport auquel il y a variation, est la terre.

Ainsi aux quatre éléments décrits on en ajoute un cinquième : la terre. Cette simple concordance, évidente, ne contenta pas les Chinois ; puisque macrocosme et microcosme ne sont que des matérialisations différentes d'une même énergie, ils se devaient de trouver les rapports implicites entre les diverses manifestations de cette énergie sur terre. C'est ainsi qu'ils sont arrivés à la description du cycle Cheng ou cycle de production :

- le bois produit le feu ;
- le feu crée la terre ;
- la terre donne le métal ;
- le métal crée l'eau ;
- l'eau crée le bois.

Bien qu'à première vue aucune logique n'apparaît dans cette énumération, il n'en est rien comme nous allons le prouver.

- La première proposition, **le bois produit le feu**, est relativement explicite : le bois brûle et sa combustion engendre le feu. C'est essentiellement au printemps que la végétation pousse et on associe donc le bois au printemps ; le printemps est, nous l'avons vu, de nature Inn-Yang. C'est durant le printemps que les vents sont les plus violents, que la nature manifeste son énergie, que la sève bouillonne, et que parfois la colère éclate (orages). Rappelons l'expression « s'échauffer la bile ». La croissance des feuilles donne au printemps sa couleur : le vert.

Du point de vue des niveaux d'énergie, c'est la terre qui s'éclate et donc nous aurons le maximum d'énergie Inn (rappelons que la terre est Inn et le ciel Yang).

Le printemps est la saison des transformations dans la nature, il est naturel que les Chinois aient associé au printemps un organe dont on sait aujourd'hui qu'il est l'usine métabolique de l'organisme : le foie.

Nous obtenons ainsi pour l'élément bois les concordances suivantes :

Bois → Printemps → Foie → Colère → Naissance → Vent → Vert → Est → Matin.

À ce tableau les Chinois ont rajouté (entre autres), l'aigre, le rance et le son « la » (en musique chinoise on distingue douze tubes et cinq notes), dont nous pouvons facilement trouver la raison logique.

Pour les Chinois, cette concordance n'est pas apparue en un jour. Déjà, il y a plusieurs milliers d'années, l'homme observait, réfléchissait et rédigeait. De récentes recherches archéologiques ont montré que dans les ouvrages antérieurs au *Nei Tching*, la table de concordance était différente ; ainsi, à titre de curiosité, signalons que le foie correspondait à l'or, le cœur à la terre, la rate au bois, le feu aux poumons, le rein à l'eau (inchangé).

- La seconde proposition, **le feu crée la terre**, se comprend aisément : en brûlant une matière le feu laisse des résidus, les cendres. En brûlant le bois (Inn), le feu (Yang) laisse un résidu de nature Inn : la terre. Que le feu et la terre soient associés à la chaleur, à l'été, à la joie et donc au cœur, à la croissance, nous l'admettons facilement. En brûlant le feu donne la couleur rouge. Cette concordance serait incomplète si on n'y ajoutait le midi et le Sud.

  Les Chinois y ont encore ajouté comme saveur l'amer, comme odeur le brûlé et comme son le « do ».

- La troisième proposition, **la terre donne le métal**, est moins compréhensible. Pourtant, tout ce que nous construisons provient de la terre et, nous l'avons dit, on attribue à l'Empereur légendaire Houang Ti, la découverte du métal et l'utilisation de celui-ci pour les aiguilles d'acupuncture. Le métal provient de la terre et l'on sait combien âpres sont les puissances à s'approprier une terre riche en métal et minerais. Pour que la terre donne le métal, il est nécessaire qu'il y ait transformation.

L'organe du corps qui se montre capable de transformer, en dehors du foie, est la rate (en cas de déficience du foie, elle se substitue à lui pour certaines fonctions). Chez l'homme, durant les premiers mois de la vie (et dans certaines conditions pathologiques durant toute la vie), chez certains animaux durant toute leur existence, la rate est un organe hématopoïétique, c'est-à-dire qu'il produit des globules rouges. C'est donc un organe de transformation important. La terre, nous l'avons vu, est le centre de référence, c'est une « saison dans l'espace » (De Saussure) ; les Chinois associeront donc à la terre, l'après-midi (centre de la journée), le « fa dièse » (centre de la gamme). Ils y associeront le jaune, couleur de la terre à la fin de l'été, et la douceur qui est la caractéristique des journées de fin d'été.

- La quatrième proposition, **le métal crée l'eau**, peut être comprise ainsi : c'est grâce à la découverte du métal et de sa transformation en objets utilitaires (haches, pics, aiguilles d'acupuncture, etc.) que les peuples ont pu domestiquer la nature et particulièrement l'eau. La domestication de l'eau par la création de barrages, de piscines, de dérivations, etc., était extrêmement importante pour les Chinois dont la culture du riz exigeait justement des conditions très strictes d'humidité. Le métal permet donc la domestication du macrocosme ; l'organe du microcosme qui domestique le macrocosme est le poumon : il puise l'oxygène de l'air et le canalise dans les bronchioles et les alvéoles où il est humidifié et utilisé. Le métal correspondra donc aux poumons et aussi à l'automne, au blanc (couleur du métal chauffé) et à la tristesse. Le son qui lui répond est le sol.
- La dernière proposition, **l'eau crée le bois**, elle aussi, se comprend aisément. Pour qu'une plante, un arbre croisse, il lui faut de l'eau. De plus, c'est grâce aux fleuves que les bûcherons transportent le bois : le bois devient objet utilitaire grâce à l'eau. Les Chinois ajoutent que l'eau correspond aux reins et au noir. Le rapport des reins à l'eau est manifeste. L'eau est transparente, elle n'a pas de couleur. L'absence de couleur est le noir, opposé au blanc qui est la somme de toutes les couleurs. Ces nombreuses correspondances sont reprises, pour plus de clarté, en un tableau unique (voir page 218).[24]

Pour l'anecdote, signalons que l'empereur chinois « dont le comportement devait répondre en tout point aux lois cosmiques, s'habillait de vert pour aller visiter ses provinces de l'est au printemps, mettait sa robe rouge pour se rendre dans le midi en été, revêtait le jaune impérial pour revenir en fin d'été dans sa capitale (le centre), repartait en automne visiter les régions de l'ouest vêtu de blanc, et terminait son périple annuel en hiver, dans les provinces du nord, en vêtements noirs. » (Lavier, 50-140)

Cycle Ko

C'est à l'opposé du précédent, un cycle d'inhibitions. Il réalise un équilibre de telle sorte qu'il soit interdit à un élément d'en dominer un autre. Les cinq propositions de cette loi sont les suivantes :

- le feu fond le métal ;
- le métal coupe le bois ;
- le bois couvre la terre ;
- la terre absorbe l'eau ;
- l'eau éteint le feu.

Ces propositions suffisamment claires par elles-mêmes ne demandent pas d'explications.

Le système Wou-Hing (cinq éléments)

Composé des deux cycles décrits, le système peut être résumé en quelques phrases. La philosophie chinoise, qui considère que microcosme et macrocosme ne sont que des états différents d'une même énergie, transparaît dans la phraséologie et ainsi on parlera de rapports mère-fils, grand-mère-petit-fils comme on parlait des rapports époux-épouse pour les pouls, des rapports mère-fils pour les Méridiens et des rapports grand-père, père et fils pour les vaisseaux Lo (voir plus haut). Chacun des cinq éléments est donc soumis aux modalités suivantes :

- il engendre son enfant (le bois engendre le feu) ;
- il est engendré par sa mère (le bois est engendré par l'eau) ;
- il soumet son petit-fils (le bois recouvre la terre) ;
- il est soumis par sa grand-mère (le bois est coupé par le métal).

Tout ceci est clair en se référant au **tableau du cycle Wou-Hing** (voir page 224).

Les points Su

En début de chapitre nous avons annoncé que le cycle Wou-Hing permet de rechercher certains points d'acupuncture. Avant de satisfaire nos lecteurs, il est encore nécessaire que nous disions quelques mots des points Su. Rappelons d'abord que, dans toute relation dynamique, il faut considérer deux états : l'état d'énergie potentielle et l'état d'énergie cinétique, ou en d'autres mots, l'état de projet et l'état d'accomplissement, ou encore, l'état positif et l'état négatif ; enfin le Yang ou le Inn.

Les cinq éléments n'échappent pas à cette règle et ainsi pour le bois on peut considérer deux états : la graine enfermée dans sa coque (état de repos, quiescence, énergie potentielle), et la graine qui s'éclate (énergie cinétique...). Plus loin, nous verrons l'intérêt qu'il y a à considérer ces deux états.

Les points Su sont les cinq premiers points des Méridiens principaux considérés suivant le sens de l'énergie ; c'est-à-dire que suivant le sens de circulation de l'énergie (centripète ou centrifuge), ils seront premiers ou derniers. Ces points Su sont situés entre l'extrémité (main ou pied) et la première grosse articulation (coude ou genou). Ces points correspondent aux cinq éléments, mais avec, cependant, une particularité suivant que le Méridien est Inn ou Yang.

L'énergie qui circule dans les Méridiens augmente au fur et à mesure que l'on se rapproche du thorax et de la tête (concentration logique de l'énergie) ; ainsi, pour les Méridiens Inn de membre supérieur, l'énergie ira en croissant de la main au coude.

En d'autres mots, la naissance de l'énergie commence au niveau du thorax et les cinq premiers points correspondent aux cinq éléments.

Le premier point, point de naissance de l'énergie correspond, pour les Méridiens Inn, à l'élément Bois (ceci a été longuement commenté plus haut). Le second point correspond, suivant le cycle Wou-Hing, au Feu, le troisième à la Terre, le quatrième au Métal et le cinquième à l'Eau.

Pour les Méridiens Yang, le premier point ne correspond pas à la naissance mais au déclin de l'énergie (élément Métal). L'explication de ceci, encore une fois logique, demanderait un développement pour lequel nous devrions introduire encore de la théorie, ce qui alourdirait notre texte. Disons simplement qu'elle est liée aux relations qu'entretiennent ces Méridiens non plus avec les organes « nécessaires à la vie » (Tsang) mais avec les organes « de transit » (ou entrailles-Fou) qui sont, rappelons-le, de nature Yang. La naissance de l'énergie se fait dans les organes Tsang, tandis que les organes Fou ne reçoivent qu'une énergie déjà synthétisée et ils ne la distribuent qu'en cas de nécessité. L'énergie qui prend naissance aux organes Fou est une énergie en « équilibre », synthétisée, et stockée, pour être distribuée ; elle correspond donc à l'automne et au métal. C'est là qu'est le premier point Yang. À partir de ces données, nous pouvons dresser un nouveau tableau des concordances ; auparavant, signalons que les points Su portent (dans l'ordre) les noms suivants :

- Tsing
- Yong
- Yu
- King
- Ho.

Tableau de concordance des points Su et des cinq éléments

Bois	Inn	Tsing
	Yang	Yu
Feu	Inn	Yang
	Yang	King
Terre	Inn	Yu
	Yang	Ho
Métal	Inn	King
	Yang	Tsing*
Eau	Inn	Ho
	Yang	Yang

* Ici commence le cycle des Méridiens Yang

Recherche des points grâce au système Wou-Hing

Pour comprendre ce qui suit, il convient de consulter le tableau du cycle Wou-Hing, le tableau des pouls et le tableau des Méridiens. Le lecteur qui n'a pas envie de « se prendre la tête » peut fort bien sauter ces exemples…

Exemples

1. Rechercher le point de Tonification du Méridien du Cœur.

Le Méridien mère de ce Méridien (pour la circulation profonde de l'énergie), est le Méridien du Foie (voir tableau). Le Foie (dans le système Cheng) correspond au Bois. Le Méridien du Foie est un Méridien Inn (voir tableau des Méridiens). Le point Su qui correspond au Bois Inn (voir tableau de concordance Su et des cinq éléments) est le point Tsing. C'est soit le premier, soit le dernier point suivant la direction de l'énergie dans le

Méridien dont on recherche le point. Le Méridien du Cœur est centrifuge (voir tableau des Méridiens), c’est donc le dernier point. Ce Méridien a neuf points. Le point de Tonification du Méridien du Cœur est le point 9.

2. Rechercher le point de Tonification du Méridien du Poumon.

Le Méridien mère est le Méridien de la Rate. Dans le cycle Cheng, la Terre correspond à la rate. Le Méridien de la Rate est un Méridien Inn ; le point Su qui correspond à la terre pour un Méridien Inn est le point Yu. Le point Yu est le troisième point. Le Méridien du Poumon est centrifuge et compte onze points ; le Point de Tonification est donc le neuvième point.

3. Rechercher le point de Dispersion du Méridien du Cœur.

Le Méridien fils est celui de la rate. La rate correspond à la Terre. La Terre pour un Méridien Inn se rapporte au point Yu. Yu est le troisième point ; le Méridien en compte neuf et est centrifuge ; c’est donc le point 7.

Ces exemples nous montrent qu’à partir d’une règle simple il est possible de retrouver, de façon quasi mathématique, certains points. Les mathématiques ont un rôle déterminant à jouer en acupuncture mais la place nous manque (et puis cela amuse-t-il le lecteur non spécialiste ?) pour développer le sujet.

CHAPITRE 4

La stimulation des points

Les aiguilles chinoises

Actuellement, les aiguilles utilisées en acupuncture sont en acier ; parfois un second métal enroule, en spires, le manche, ceci dans le but de créer un couple électrique.

Presque tous nous avons vécu une expérience de couple électrique (laissons donc la théorie de côté) : certains amalgames utilisés en dentisterie donnent lorsque la dent touche un objet métallique (fourchette, papier d'argent) l'impression d'une décharge électrique, fort désagréable. Le couple amalgame-papier d'argent donne naissance à un courant électrique ; c'est ce qu'on désire obtenir en acupuncture en associant deux métaux.

Souvent on interroge le médecin acupuncteur au sujet de l'aiguille utilisée : « Or ou argent, Docteur ? ».

L'origine de l'utilisation des aiguilles d'or est encore mystérieuse ; les Chinois ne connaissaient pas l'asepsie et peut-être avaient-ils constaté que l'or, par son pouvoir bactéricide, diminuait les infections ? Certains auteurs pensent que l'utilisation d'aiguilles de couleur différente (or et argent) avait essentiellement pour raison de permettre à l'assistant de l'acupuncteur (moins instruit) de ne pas se tromper en retirant les aiguilles. En effet, suivant que le médecin désire tonifier ou disperser, il ne laisse pas les aiguilles un temps identique ; en utilisant des aiguilles différentes, l'acupuncteur était rassuré, l'aide agirait suivant ses instructions.

Le comportement des premiers acupuncteurs a perpétué le mythe des aiguilles précieuses. Au début du XXe siècle, une véritable sinophilie s'installe en France ; l'acupuncture est la médecine de l'élite. Pour impressionner la clientèle, les thérapeutes utilisent des aiguilles en métal précieux ; certaines, parfois, sont serties de rubis ou de saphirs. Actuellement, les Chinois, comme les Occidentaux, utilisent des aiguilles d'acier.

Les aiguilles ont des longueurs différentes suivant les points à traiter.

Parfois, également, le médecin utilise des aiguilles à demeure. Ces aiguilles (punaises ou petits harpons) sont réservées aux cas chroniques et c'est essentiellement l'auriculothérapeute qui en fait un usage fréquent. Ce qui nous intéresse bien plus, c'est l'utilisation d'une aiguille nommée **Yuan Tchen**, qui est la seconde des neuf aiguilles classiques (voir dessin). Il ne s'agit pas, à proprement parler, d'une aiguille mais d'une tige métallique terminée par un diélectrique, qui est soit de l'ivoire, soit un os, en forme de boule. Cette petite boule sert à masser les points d'acupuncture chez les enfants, dans l'autotraitement ou encore chez les malades impressionnables.

Pour le traitement des enfants, les Chinois connaissaient aussi l'aiguille dite « fleurs de prunier ». Cette aiguille est en fait un petit marteau dont l'extrémité est terminée par un faisceau de cinq à sept aiguilles.

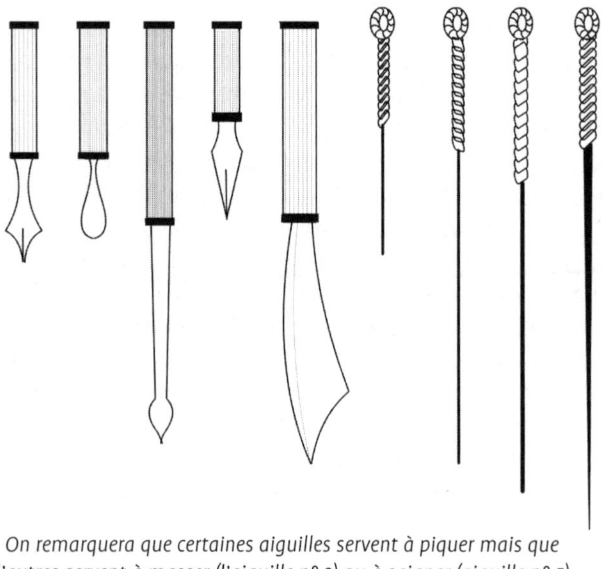

On remarquera que certaines aiguilles servent à piquer mais que d'autres servent à masser (l'aiguille n° 2) ou à saigner (aiguille n° 5).

4. La stimulation des points

La moxibustion

Le lecteur sait que l'acupuncteur n'utilise pas nécessairement les aiguilles pour stimuler les points ; parfois il utilise la chaleur, Cette technique porte le nom de moxibustion.

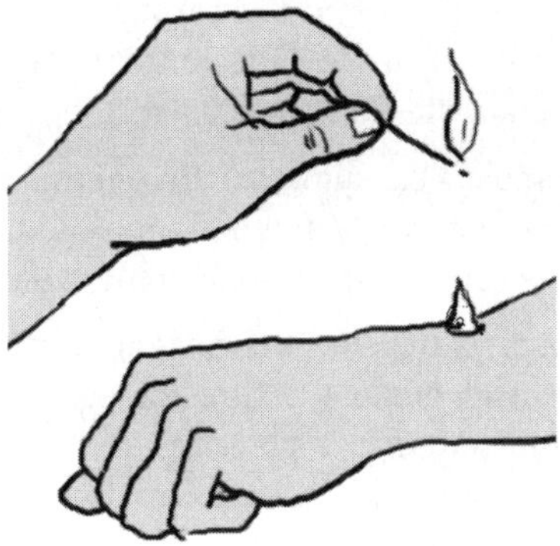

Le mot moxa dérive du japonais *mogusa* qui désigne une variété d'armoise. Cette dénomination, incorrecte puisque le mot chinois équivalent serait « kao », remonte cependant au XVIIe siècle ; il convient donc de la conserver. Les Chinois reconnaissaient à l'armoise certaines propriétés particulières et, pour eux, certains points ne devaient être stimulés que par cette technique. Ceci surtout en cas de fatigue, d'adynamie[25]. Cette mauvaise herbe, qui pousse dans presque tous les jardins, tient son nom de la déesse de l'enfantement, Artémis. Ceci par allusion aux propriétés abortives que lui attribuaient les Anciens. Outre les propriétés citées, elle était connue dans l'Antiquité pour ses propriétés toniques et est, aujourd'hui encore, prescrite dans ce but, en infusion. Les Anglais l'utilisent en cuisine pour parfumer les plats de volailles, car elle dégage une odeur d'eucalyptus. En Chine, on l'utilisait essentiellement pour ses propriétés combustives car elle brûle lentement. Ses propriétés ne sont pas toutes connues et elle est actuellement testée dans le traitement de la malaria[26].

À partir des feuilles d'armoise on prépare une masse compacte et on lui donne la forme d'un cône. Celui-ci est déposé sur le point d'acupuncture et la pointe est alors allumée. La sensation de chaleur apparaît doucement puis, si on ne retire pas le cône, celle de brûlure. En principe, on retire le cône avant de ressentir cette dernière sensation ; il apparaît néanmoins une petite croûte sur la peau. Cette marque disgracieuse limite l'utilisation de la moxibustion en Europe. Notons qu'en Chine ancienne on gardait le moxa en place jusqu'à complète consumation et parfois même, la première application était suivie d'une seconde ou d'une troisième. Une véritable brûlure avec cicatrice indélébile en résultait. L'effet dans certaines maladies était, dit-on, spectaculaire.

Si l'on désire une complète consumation du cône, mais sans qu'apparaisse pour autant une brûlure, on pratique les moxas indirects. C'est-à-dire qu'entre la peau et le cône d'armoise on interpose un objet quelconque.

Les Chinois utilisent essentiellement le gingembre et l'ail. Ils prennent une tranche de rhizome de gingembre, celui-ci est piqué avec un stylet pour le rendre poreux, ensuite, on dépose sur cette tranche le cône d'armoise. En chauffant, le gingembre (ou l'ail) se décompose et libère au niveau du point certaines substances chimiques.

Une autre technique, utilisée dans les urgences abdominales, est le moxa au sel. On remplit l'ombilic de sel fin et on place par-dessus une tranche de gingembre et le cône d'armoise.

Autre technique, encore, proche de la moxibustion, est l'**ignipuncture**. Le moxa sert alors à chauffer l'aiguille. Celle-ci, rappelons-le, est formée de deux parties, souvent en alliage différent, le manche et la tige. Suivant que l'on soumet l'un ou l'autre à la chaleur l'effet est décrit comme différent. Avec cette méthode, la chaleur atteint les tissus profonds.

Ces techniques sophistiquées, et dont l'intérêt n'a jamais été réellement démontré, sont rarement utilisées en Europe.

Signalons encore qu'actuellement, on utilise plutôt le bâtonnet d'armoise ; il s'agit d'une cigarette d'armoise que l'on tient à quelques centimètres de la peau. Parfois il est rapproché de la peau et on parlera de « moxa de becquetage ».

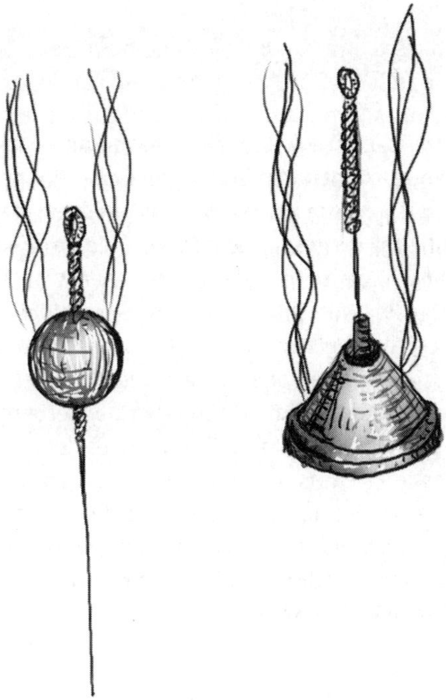

Ignipuncture

Les moxas ne sont naturellement jamais appliqués ni sur le visage, ni à proximité des muqueuses et on évite les endroits proches des vaisseaux sanguins. Certains acupuncteurs utilisent, actuellement, une technique, peut-être promise à un grand avenir : l'acupuncture par rayon laser. Les premiers lasers pour acupuncture ont été présentés, il y a une vingtaine d'années, au Congrès Mondial d'Acupuncture de Berlin. Peu de travaux scientifiques permettent de juger de la réelle efficacité de la méthode.

Néanmoins, à Pékin en 1979, les Chinois ont présenté leurs premières recherches qui semblent indiquer que l'acupuncture par laser donne des résultats similaires à l'électroacupuncture, mais demande des séances plus courtes.

L'électropuncture

L'électropuncture consiste à brancher les aiguilles sur une source de courant électrique. Contrairement à ce que l'on peut penser, cette méthode n'est pas récente et, en 1825, un médecin français, le Docteur Sarlandière publiait, à Paris, un *Mémoire sur l'electro-puncture, considérée comme moyen nouveau de traiter la goutte, les rhumatismes...* Il signalait déjà l'effet analgésique de cette méthode ! Les Chinois utilisent l'électricité en acupuncture depuis 1934. Nous décrirons dans la troisième partie de ce volume (paragraphe consacré à l'électricité cellulaire) l'action de l'électricité au niveau des points d'acupuncture. Cette méthode remplace, avantageusement, la manipulation des aiguilles, lorsque celles-ci doivent être maintenues longtemps, comme c'est le cas en anesthésie. De plus, l'électropuncture permet de doser l'intensité du courant et d'obtenir ainsi des décharges relativement puissantes. Comme le malade s'habitue au courant électrique, on modifie la fréquence et l'intensité au cours du traitement. Certains appareils modernes modifient d'eux-mêmes ces paramètres.

L'intensité de la stimulation électrique dépend des réactions du patient ; certains malades sont très sensibles et d'autres le sont moins. Il faut également tenir compte de la région traitée : la face et les régions sous les coudes et les genoux sont très sensibles.

L'électropuncture est employée, actuellement, surtout en anesthésie, en auriculothérapie et pour le traitement des douleurs et des paralysies[27].

Les ventouses

Le traitement par ventouses était connu déjà dans l'Antiquité sous le nom de « thérapeutique par cornes ». Il consiste à appliquer sur la peau un petit récipient qui y adhère par suite du vide relatif créé par la chaleur. Le traitement par les ventouses est souvent pratique en association avec l'aiguille « fleur de prunier ». En Europe, nous ne connaissons pas d'acupuncteur utilisant cette méthode.

CHAPITRE 5
Description des principaux Méridiens

Dans les pages qui suivent, le lecteur trouvera une brève description des douze Méridiens principaux, et des deux Méridiens curieux, Jenn Mo et Tou Mo.

Le trajet est naturellement simplifié à l'extrême et nous n'avons représenté que le trajet superficiel du Méridien (on se souviendra que le Méridien principal pénètre dans l'organe dont il porte le nom).

Nous avons indiqué sur les trajets tracés, le premier et le dernier point du Méridien, ainsi que les points que nous utiliserons en acupressing (voir seconde partie : traitement des maladies).

1. Méridien du Poumon

- *Nom chinois* : Cheou Tae Inn.
- *Nombre de points* : 11.
- *Nature* : Inn du membre supérieur.
- *Début* : au-dessous de la clavicule.
- *Trajet* : face antéro-externe du bras et de l'avant bras.
- *Fin* : extrémité du pouce.

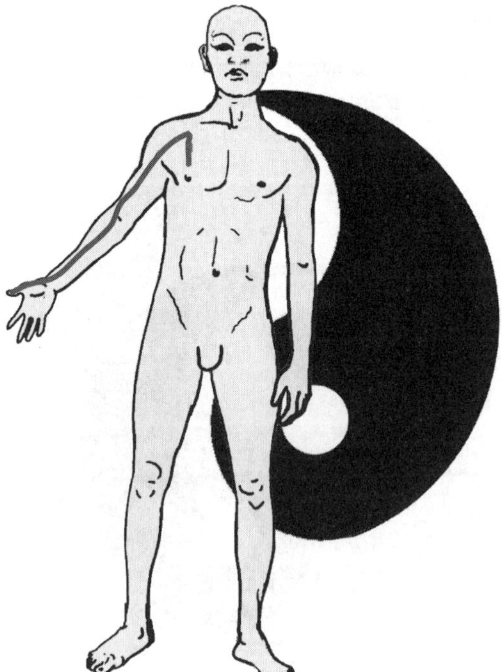

2. Méridien du Gros Intestin

- *Nom chinois* : Cheou Yang Ming.
- *Nombre de points* : 20.
- *Nature* : Yang du membre supérieur.
- *Début* : extrémité de l'index.
- *Trajet* : partie antéro-externe de l'avant-bras, du bras et de l'épaule → cou → lèvre supérieure.
- *Fin* : aile du nez.

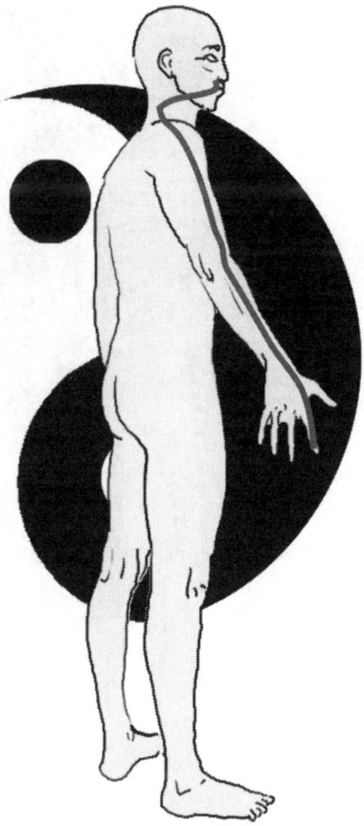

3. Méridien de l’Estomac

- *Nom chinois* : Tsou Yang Ming.
- *Nombre de points* : 45.
- *Nature* : Yang du membre inférieur.
- *Début* : angle de l’œil.
- *Trajet* : face antérieure du corps.
- *Fin* : deuxième orteil.

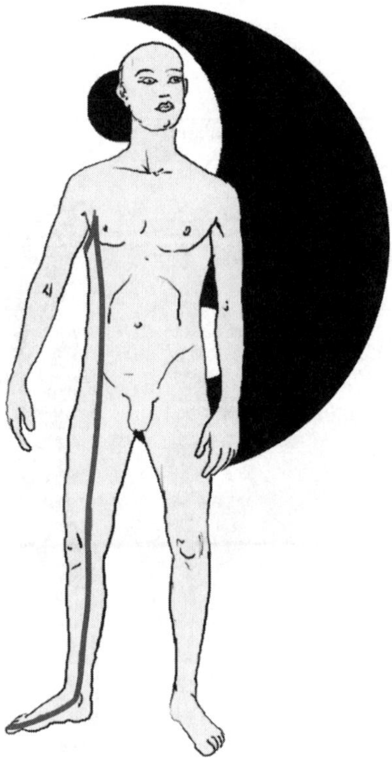

4. Méridien de la Rate-Pancréas

- *Nom chinois* : Tsou Tae Inn.
- *Nombre de points* : 21.
- *Nature* : Inn du membre inférieur.
- *Début* : Gros orteil.
- *Trajet* : partie interne de la jambe → partie antéro-interne de l'abdomen → partie externe du thorax.
- *Fin* : partie externe du thorax (au niveau du pli du coude).

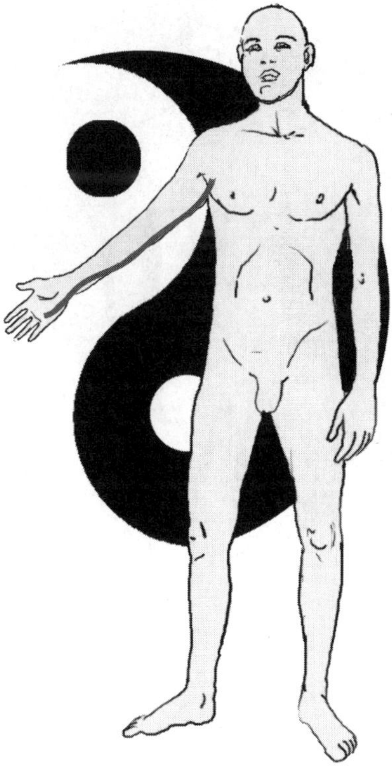

5. Méridien du Cœur

- *Nom chinois* : Cheou Chao Inn.
- *Nombre de points* : 9.
- *Nature* : Inn du membre supérieur.
- *Début* : aisselle.
- *Trajet* : bord interne du membre supérieur.
- *Fin* : extrémité du petit doigt.

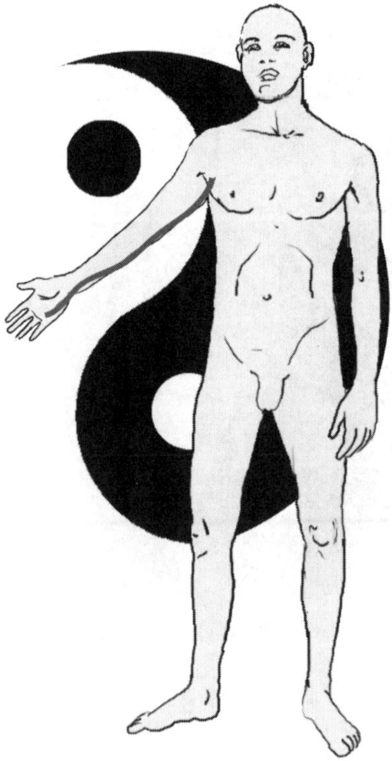

6. Méridien de l'Intestin Grêle

- *Nom chinois* : Cheou Tae Yang.
- *Nombre de points* : 19.
- *Nature* : Yang du membre supérieur.
- *Début* : petit doigt.
- *Trajet* : bord interne de la face postérieure du membre supérieur → épaule → cou → face.
- *Fin* : devant l'oreille.

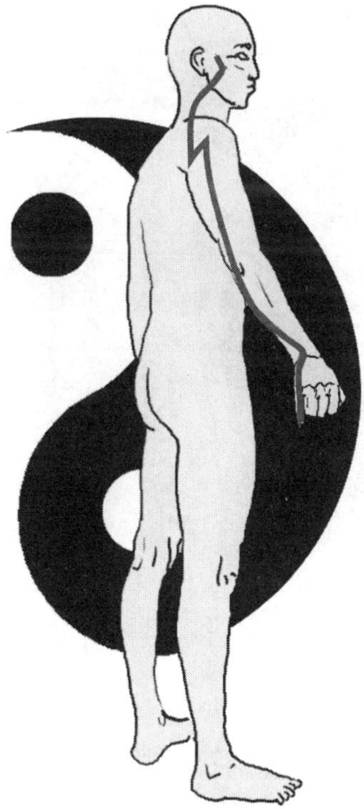

7. Méridien de la Vessie

- *Nom chinois* : Tsou Tae Yang.
- *Nombre de points* : 67.
- *Nature* : Yang du membre inférieur.
- *Début* : angle interne de l'œil.
- *Trajet* : complexe : crâne → nuque → deux branches sur la face postérieure du dos → face postérieure du membre inférieur (réunion des deux branches au creux poplité).
- *Fin* : cinquième orteil.

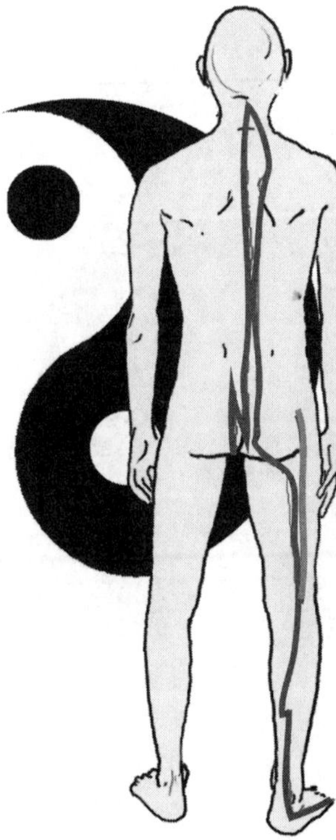

8. Méridien du Rein

- *Nom chinois* : Tsou Chao Inn.
- *Nombre de points* : 27.
- *Nature* : Inn du membre inférieur.
- *Début* : plante du pied.
- *Trajet* : face antérieure de la jambe et de la cuisse → face antérieure de l'abdomen et du thorax.
- *Fin* : creux sous-claviculaire.

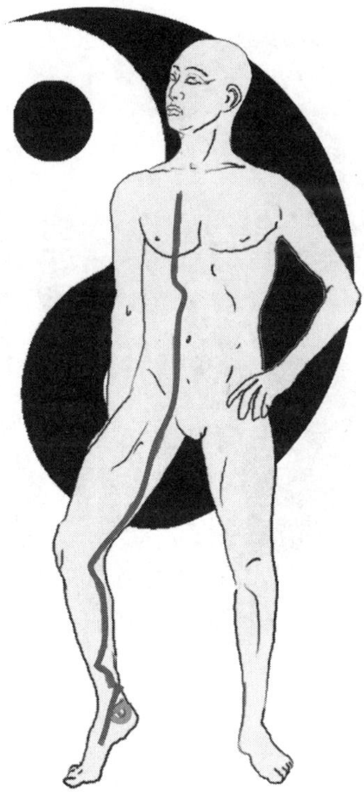

9. Méridien Maître du Cœur

- *Nom chinois* : Cheou Tsiue Inn.
- *Nombre de points* : 9.
- *Nature* : Inn du membre supérieur.
- *Début* : sur le thorax (près de l'aisselle).
- *Trajet* : face antérieure du membre supérieur.
- *Fin* : troisième doigt.

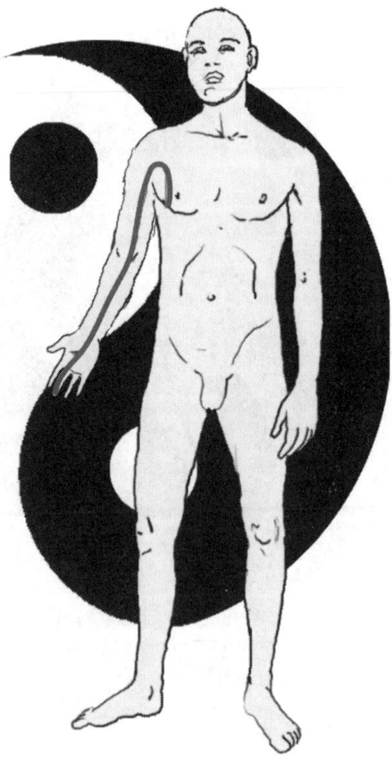

10. Méridien Triple Réchauffeur

- *Nom chinois* : Cheou Chao Yang.
- *Nombre de points* : 23.
- *Nature* : Yang du membre supérieur.
- *Début* : annulaire.
- *Trajet* : face postérieure du membre supérieur → contourne l'épaule → creux sus-claviculaire → contourne l'oreille.
- *Fin* : angle externe de l'œil.

11. Méridien de la Vésicule Biliaire

- *Nom chinois* : Tsou Chao Yang.
- *Nombre de points* : 44.
- *Nature* : Yang du membre inférieur.
- *Début* : angle externe de l'œil.
- *Trajet* : zig-zag sur la face latérale du crâne → bord postérieur du corps.
- *Fin* : quatrième orteil.

12. Méridien du Foie

- *Nom chinois* : Tsou Tsiue Inn.
- *Nombre de points* : 14.
- *Nature* : Inn du membre inférieur.
- *Début* : gros orteil.
- *Trajet* : face antéro-interne du membre inférieur → contourne les organes génitaux → abdomen.
- *Fin* : dernières côtes.

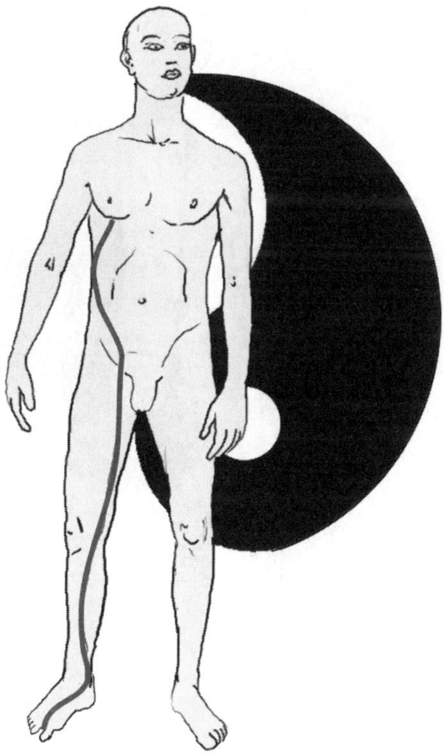

13. Vaisseau Gouverneur

- *Nom chinois* : Tou Mo.
- *Nombre de points* : 27.
- *Nature* : Méridien curieux Yang.
- *Début* : pointe du coccyx.
- *Trajet* : médianement aux fesses → dos → crâne et face.
- *Fin* : lèvre supérieure.

14. Vaisseau Conception

- *Nom chinois* : Jenn Mo.
- *Nombre de points* : 24.
- *Nature* : Méridien curieux Inn.
- *Début* : sous le pubis (grandes lèvres ou scrotum).
- *Trajet* : médianement sur la face antérieure du corps.
- *Fin* : lèvre inférieure.

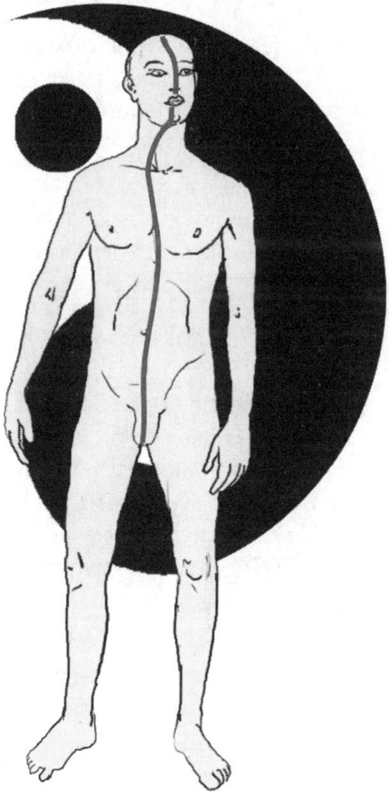

Tableaux

Il n'est pas toujours facile de suivre un raisonnement d'acupuncteur : l'énergie qui circule en surface, en profondeur, les Méridiens qui sont fils, mères, petits-fils ou grands-pères, la terre qui donne le métal, les rapports époux-épouses et autres « chinoiseries » rendent la lecture du texte parfois difficile.

Nous pensons qu'avec les quelques tableaux qui suivent le lecteur nous suivra plus aisément dans notre labyrinthe asiatique.

Tableau 1 : Les principaux points d'acupuncture

Il reprend la plupart des données explicitées dans le texte. À l'extrémité supérieure on trouve le nom du Méridien tel qu'il apparaît dans les ouvrages de langue française. La petite flèche indique le sens du Méridien ; vers le haut : centrifuge ; vers le bas : centripète.

L'extrémité inférieure donne le nom du Méridien en chinois. La connaissance de la dénomination chinoise ne correspond pas à un quelconque snobisme de mauvais aloi mais est réellement utile. En effet, le nom chinois renseigne la localisation du Méridien, sa qualité et son niveau énergétique.

Les Méridiens du membre supérieur sont les Méridiens **Cheou** et les Méridiens du membre inférieur sont les Méridiens **Tsou**.

Le Méridien qui est d'énergie la plus élevée est dit **Tae**, celui d'énergie moyenne est **Chao** et le Méridien de faible énergie est **Ming** (si le Méridien est Yang) et **Tsiue** (si le Méridien est Inn). Signalons que Ming signifie « lumineux » : le Yang Ming est, en effet, un niveau particulier. Les deux Méridiens Yang Ming circulent sur la face antérieure (alors qu'ils devraient circuler sur la face postérieure) : ils s'ouvrent vers l'intérieur (vers le Inn).

Ainsi, par exemple le Méridien Tsou Tae Yang. En français on parlera de Méridien de la Vessie et on ne saura rien de plus ; par contre, la terminologie chinoise nous enseigne qu'il est Yang, qu'il est de la plus haute énergie et qu'il appartient au membre inférieur.

La troisième ligne donne l'horaire de plénitude du Méridien.

La quatrième ligne horizontale donne le nombre de points. Nous l'avons vu, ce nombre a son importance pour rechercher, à l'aide du système Wou-Hing, les points de Tonification et de Dispersion.

5. Description des principaux Méridiens

La cinquième et la sixième ligne donnent le point d'entrée et de sortie du Méridien ; ces points ne sont pas nécessairement les points extrêmes du Méridien.

Les lignes suivantes reprennent les points importants dont l'action a été décrite dans cet ouvrage (voir plus haut).

Tel qu'il se présente, ce tableau peut donner lieu à de nombreux calculs mathématiques, qui dépassent les ambitions de ce volume d'introduction à l'acupuncture.

Nous avons cependant montré dans un chapitre précédent comment calculer les points de Tonification et de Dispersion ; en s'aidant de ce tableau, le lecteur curieux peut contrôler son savoir !

Nom du Méridien	P.	G.I.	E.	R.P.	C.	I.G.	V.	R.	M du C	T.R.	V.B.	F.
Sens de l'énergie	↗	↙	↗	↙	↗	↙	↗	↙	↗	↙	↗	↙
Horaire de plénitude	3-5	5-7	7-9	9-11	11-13	13-15	15-17	17-19	19-21	21-23	23-01	1-3
Nombre de points	11	20	45	21	9	18	67	27	9	23	44	14
Points d'entrée	1	4	1	1	1	1	1	1	1	1	1	1
Points de sortie	7	20	42	21	9	18	67	22	8	23	41	14
Point Tsing	11	1	45	1	9	1	67	1	9	1	44	1
Point Yong	10	2	44	2	8	2	66	2	8	2	43	2
{ Point Yu	9	3	43	3	7	3	65	3	7	3	41	3
{ Point Yunn	9	4	42	3	7	4	64	3	7	4	40	3
Point Tsing	8	5	41	5	4	5	60	7	5	6	38	4
Point Ho	5	11	36	9	3	8	54	10	3	10	34	8
Lo ordinaire	7	6	40	4	5	7	58	4	6	5	37	5
Lo généraux	7	-	-	-	-	-	-	-	6	5	-	-
Lo de groupe	-	-	-	6	-	-	-	-	5	8	39	-
Point de Tonification	9	11	41	2	9	3	67	7	9	3	43	8
Point de Dispersion	5	2 ou 3	45	5	7	8	65	1	7	10	38	2
Point Mo	1 / P	25 / E	12 / JM	13 / F	14 / JM	4 / JM	3 / JM	25 / VB		5 / JM	24 / VB	14 / F
Point Yu	Les points Yu-Assentiment sont tous situés sur le Méridien de la vessie						13 P 14 M 15 C 18 F 19 VB 20 RP 21 E 22 TR 23 R 25 GI 27 IG 28 V					
Nom chinois des Méridiens	CHEOU TAE INN	CHEOU YANG MING	TSOU YANG MING	TSOU TAE INN	CHEOU CHAO INN	CHEOU TAE YANG	TSOU TAE YANG	TSOU CHAO INN	CHEOU TSIUE INN	CHEOU CHAO YANG	TSOU CHAO YANG	TSOU TSIUE INN

Tableau 2 : La circulation de l'énergie dans le corps

Ce dessin représente un personnage debout les bras levés. Les flèches indiquent la circulation générale de l'énergie.

Rappelons que les Méridiens Inn circulent à la face antérieure et interne. Les Méridiens Yang circulent à la face postérieure et externe. L'énergie Yang, qui vient du « ciel » circule de haut en bas. L'énergie Inn, qui provient de la « terre » circule de bas en haut.

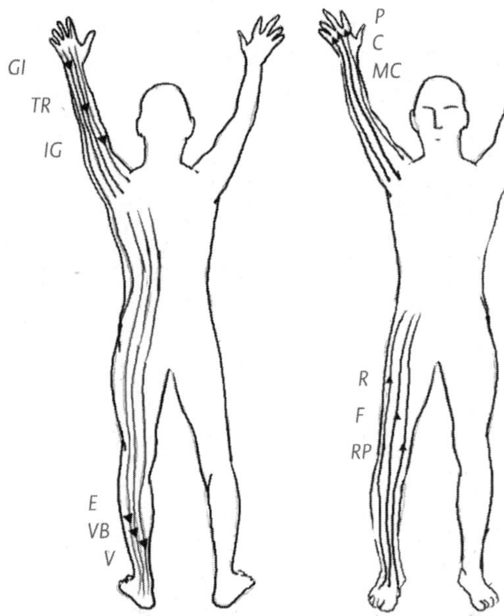

Méridiens Yang

Ils sont postérieurs et externes.

L'énergie circule du haut vers le bas.

Les trois Méridiens Yang du membre supérieur sont :

- Gros Intestin (GI)
- Intestin Grêle (IG)
- Triple Réchauffeur (TR)

Les trois Méridiens du membre inférieur sont :

- Estomac (E)
- Vessie (V)
- Vésicule Biliaire (VB)

Méridiens Inn

Ils sont antérieurs et internes.

L'énergie circule du bas vers le haut.

Les trois Méridiens Yang du membre supérieur sont :

- Poumons (P)
- Cœur (C)
- Maître du Cœur (MC)

Les trois Méridiens du membre inférieur sont :

- Rate-Pancréas (RP)
- Reins (R)
- Foie (F)

Deuxième partie

L'Occident ou la pratique de l'acupressing

Chapitre 6
Les bases de l'acupressing

Le massage occidental traditionnel a surtout pour but, par des frictions centripètes, d'activer la circulation. Cette action locale du massage provoque essentiellement de la décontraction, un effet euphorisant, une vasodilatation avec tout ce que ceci implique au niveau des échanges de toxines.

Le massage chinois est assez différent de cela : le but est de provoquer une action à distance. Ce massage connu chez les Chinois sous le nom de An-Mo et de Do-In, et pratiqué au Japon sous la dénomination de Shiatsu, a été décrit par les acupuncteurs environ deux cents ans avant l'ère commune[27].

Divers moyens peuvent être utilisés pour masser le point : aiguille numéro 2 (voir plus haut), l'aiguille « fleur de prunier », l'effleurage, la percussion, le pétrissage, etc. Ces trois dernières formes se pratiquent soit avec les doigts, soit avec un maillet en bois, soit aujourd'hui encore, avec une espèce de dé à coudre, spécialement prévu à cet effet[28].

Les points utilisés pour cela sont connus en acupuncture comme « points curieux », « centres de douleurs » ou « points de brindilles »[29]. Ces points, souvent signalés spontanément par le malade comme douloureux peuvent également être recherchés par la palpation : la zone comprenant le point est, en effet, plus sensible que les zones voisines. Les points de brindilles sont les points décrits par la tradition comme actifs pour guérir ou soulager certaines maladies courantes. Ces points sont utilisés par les « médecins aux pieds nus », et par les débutants en acupuncture, qui désirent obtenir des résultats rapides et faciles. Leur utilisation ne demande pas de réflexion (contrairement à la « grande acupuncture »).

Pour ce qui concerne les zones décrites dans ce volume comme actives pour soigner les maladies par acupressing (nous nous servirons exclusivement de ce terme), il s'agit la plupart du temps des points de brindilles. Le lecteur ne doit cependant pas s'étonner s'il découvre dans d'autres ouvrages des points différents ; il s'agit d'un abrégé et d'autres points, tout aussi efficaces, pourraient être signalés. Ainsi, pour donner un exemple, si dans un ouvrage de médecine classique on ne signale qu'un médicament susceptible de guérir une angine, l'un nommera les pénicillines et l'autre les sulfamides : les deux ont raison.

L'utilisation de l'acupressing permet d'obtenir des résultats réels ; cependant, il est bien entendu que cette méthode sera moins efficace que l'acupuncture ou la moxibustion. Pour cette raison, il faut persévérer durant quelques semaines avant d'obtenir des résultats sensibles.

Gestes spontanés d'acupressing

S'il a mal à un endroit de son corps, l'homme masse automatiquement la région malade. En cas de douleur d'un enfant, sa mère, tout naturellement le caresse. Il s'agit, bien entendu, de gestes thérapeutiques mais la correspondance entre les zones douloureuses et les zones massées est telle que la diminution de douleur n'a rien de mystérieux ; on ne peut donc parler d'acupressing.

Par contre, il est de nombreux cas où les points massés sont des points d'acupuncture : il s'agit alors véritablement d'acupressing. La nomenclature de toutes les coutumes populaires apparentées à l'acupressing risque d'être fort longue, aussi nous ne proposons, ici, que les gestes les plus fréquents.

Se gratter la tête pour retrouver la mémoire

L'un des gestes les plus fréquemment rencontrés chez une personne qui cherche à se souvenir d'une chose oubliée est le grattage de l'occiput (sommet de la tête)[30].

Ce point de la mémoire (point 19 du Méridien Tou Mo) est connu sous le nom de Pae Roe ; il est le point de concentration de toute l'énergie Yang du corps.

Point des croque-morts

Les croque-morts avaient l'habitude de mordre (d'où leur nom) le cinquième doigt des morts. Ils mordaient au point qui correspond au neuvième point du Méridien du Cœur. Ce point, Chao-Tchrong, point de tonification du cœur est décrit dans les manuels chinois comme point de réanimation (voir au chapitre des maladies le numéro 42).

Anneau dans l'oreille ou le nez

L'anneau dans l'oreille stimule les organes des sens. En effet, cet anneau est toujours implanté dans le lobule de l'oreille lequel embryologiquement et dans la nomenclature chinoise correspond à la tête.

Le bout de bois dans le nez stimule les points 6 du Méridien de l'Estomac et 25 du Méridien Tou Mo.

La stimulation de ces points augmente l'efficacité des organes des sens, ce qui était indispensable pour les populations primitives confrontées à une nature sauvage.

Clé froide pour arrêter les hémorragies nasales

La tradition populaire recommande pour arrêter les épistaxis (hémorragies nasales) de mettre une clé froide sur le cou ou dans le dos. Les points ainsi stimulés sont les points 11 (cou) ou 17 (dos) du Méridien de la Vessie. Ces points (Ta-Ichrou et Ko-Iu) sont décrits comme pouvant arrêter des hémorragies. Remarquons que le point 17 du Méridien de la Vessie est connu comme point de « Réunion du sang » et que le point 18 tout proche est le point Assentiment du Foie, dont le rôle dans les hémorragies n'est plus à décrire.

Stimuler discrètement et sexuellement sa voisine

Les discrets coups de pied sous la table, chers à Labiche, et l'appel du genou, gaillardement utilisé par Feydeau, stimulent, eux aussi, des points d'acupuncture. L'appel du pied stimule le point 6 du Méridien Rate-Pancréas ; celui du genou le point 19 du même Méridien. Le point 6, Sann

Inn Tsiao, est un point extrêmement important ; il est, entre autres, point Lo de groupe des Méridiens Inn des membres inférieurs. Signalons, dès maintenant, le rôle des Méridiens Inn dans les troubles de la sexualité. Le point 10 Siue-Rae, est point Mo (Héraut) du Triple Réchauffeur. Il a donc une fonction sexuelle par excellence.

Ces deux points sont décrits dans tous les ouvrages chinois comme particulièrement efficaces pour stimuler une sexualité défaillante.

Pratique de l'acupressing

Si on respecte les règles et les recommandations des spécialistes, une méthode est toujours plus efficace. Nous invitons donc le lecteur à lire attentivement le paragraphe qui suit, cela lui évitera, peut-être, de nombreux déboires.

Les quelques minutes consacrées à cette lecture peuvent épargner des semaines de souffrance !

Trop souvent, on abandonne une méthode bien avant d'en avoir exploré les possibilités ; ceci, faute d'en connaître réellement le mode d'emploi. Mal utilisée, même couronnée de succès, une méthode finit toujours par se venger...

Contre-indications de l'acupressing

Méthode douce, l'acupressing ne connaît, en principe, pas de contre-indications. Cependant, on recommande la prudence dans certaines circonstances : ce sont celles où le sujet, bien portant ou malade, est plus fragile.

On pratique l'acupressing sur un partenaire décontracté, allongé. Il est préférable de ne pas faire de massage sur un sujet debout, car le risque de syncope est toujours possible.

Pour la même raison, on ne pratique l'acupressing ni immédiatement après un repas, ni à trop grande distance de celui-ci. Chez la femme, l'acupressing (hormis des indications particulières) ne doit pas se pratiquer durant les périodes menstruelles. En principe, non plus, en cas de grossesse. Pour terminer, signalons qu'on ne pratique pas l'acupressing après un long voyage, ni après un voyage en avion.

Il est bien entendu, qu'il faut réserver ce massage aux peaux saines ; si la peau est irritée ou infectée, il faut soit s'abstenir, soit choisir un autre point éloigné de la zone malade.

Si les symptômes s'aggravent, il faut également arrêter le massage.

L'acupressing (pas plus que l'acupuncture ou la médecine traditionnelle) ne peut guérir toutes les maladies. Le médecin, seul, qui connaît bien le corps humain, peut décider de l'adéquation d'un traitement. En présence d'une maladie importante, il est primordial de le consulter au préalable : il vous dira si l'acupressing peut ou non vous aider.

Ce petit guide, n'est en aucune sorte un ouvrage médical, et son seul but est de vous épargner les petites misères physiques quotidiennes !

Conseils pratiques

- Le partenaire doit être décontracté. Il est de préférence allongé ou du moins confortablement assis.
- La température de la pièce sera agréable : 20 degrés.
- Les mains de celui qui masse doivent être parfaitement propres et à température du corps.
- La peau ne doit être recouverte par aucune pommade ou onguent. Il est possible d'utiliser un talc pour enlever la moiteur de la peau mais il est nécessaire d'en débarrasser le corps avant de commencer l'acupressing.
- Si la peau était recouverte d'une crème quelconque (comme en massage traditionnel) les charges électriques induites par le massage perturberaient celui-ci. Pour la même raison, le corps doit être aussi dévêtu que possible et il est interdit de conserver des vêtements en tissu synthétique. Il est, par ailleurs, déconseillé de travailler dans un local dont le revêtement du sol est en matière synthétique.
- Pour illustrer l'action des matières synthétiques, nous aimerions ouvrir, ici, une parenthèse consacrée à l'électricité statique.

L'électricité statique

Il est des familles où tout baiser est interdit sous peine de sanction électrique ! Souvent même le simple fait de toucher un objet métallique provoque une sensation, fort désagréable, de courant électrique.

Il s'agit d'électricité statique ; celle-ci est produite par le frottement contre le sol des chaussures. Le sol étant en matière synthétique, l'électricité ainsi produite ne peut s'échapper vers la terre et reste statiquement à l'endroit de création jusqu'à ce qu'une bonne occasion se présente, pour elle, de s'échapper.

Si deux personnes (à un potentiel électrique différent, ce qui est presque toujours le cas) se touchent, cette électricité traverse le corps de l'une vers l'autre, ce qui produit la décharge.

Les objets en matière synthétique produisent énormément d'électricité statique : pour s'en convaincre, il suffit d'enlever un vêtement en nylon dans l'obscurité ou encore devant un poste de télévision. L'étincelle qui jaillit signe cette électricité.

Cette électricité statique perturbe notre équilibre et bon nombre de dépressions, d'insomnies sont en rapport avec le déséquilibre qu'elle provoque en nous. On a ainsi décrit une maladie particulière faite d'adynamie, d'insomnies, de dépression, chez les employés qui séjournent plusieurs heures par jour dans de grands immeubles à air conditionné. Ils n'ont pas l'occasion d'éliminer cette électricité statique qui s'accumule en eux.

De nombreuses personnes insomniaques à qui il fut conseillé de pratiquer la nudité au lit plutôt que le port de vêtements de nuit en matière synthétique s'en trouvèrent très bien et ont pu souvent renoncer aux petites pilules.

Lors d'un congrès consacré à la médecine naturelle à Bruxelles, il y a quelques années, un médecin parisien a raconté une petite histoire qu'il nous plaît de vous rapporter. Ce médecin avait vécu de nombreuses années en Afrique, avant de s'installer à Paris. Il nous raconta que durant son séjour africain il n'avait jamais souffert de maladie et que sa clientèle ne le consultait que pour des maladies graves. Arrivé en France, il s'étonne : la plupart des malades souffrent d'adynamie, de dépression, de migraine, de rhumatismes. Lui-même, souffre régulièrement de migraine. N'ayant jamais ressenti auparavant la plus légère douleur à la tête, il s'interroge sur l'origine soudaine de ce malaise. S'agit-il d'un surcroît de travail, d'ennuis familiaux, de problèmes d'argent ?

Il ne trouve aucune raison valable. Un jour, il se demande s'il n'y a pas un rapport entre migraines et vêtements. Comme tout le monde, il possède certains habits en tissus synthétiques et les semelles de ses chaussures ne sont pas toutes en cuir... Son hypothèse est correcte : les migraines apparaissent s'il porte des vêtements en matière synthétique et des chaussures dont les semelles ne permettent pas à l'électricité produite de s'échapper car elles jouent le rôle d'isolant.

L'homme, antenne dressée entre le ciel et la terre, ne doit pas couper son contact avec cette dernière ! En vacances, d'ailleurs rares sont ceux qui souffrent des maladies énumérées ci-dessus. On attribue cela à l'absence de soucis, mais il faut remarquer que, durant les congés, la plupart vivent quasi nus, marchent pieds nus et ne produisent donc pas d'électricité statique. Les migraines s'atténuent, les rhumatismes se font oublier, le sommeil revient : la nature a repris ses droits et manifeste son contentement.

Cette longue parenthèse a pour but d' insister sur l'importance des conditions de vie. Il ne sert à rien (ou à si peu) de pratiquer régulièrement l'acupressing (ou une autre thérapie) si le reste des activités contrecarre son effet bienfaisant.

Pourquoi réparer les pieds d'une chaise si le chien continue à la ronger, si le chat y fait ses griffes et si nous-mêmes lui donnons des coups de pieds pluriquotidiens ? Disciplinons d'abord le chien, laissons le chat user ses griffes dans la nature, supprimons notre nervosité ; ceci étant fait passons, et seulement alors, à l'étape suivante, la phase thérapeutique.

L'acupuncture

Résumé des conseils pratiques

- Peau nue, sèche et saine.
- À distance raisonnable des repas.
- Sujet décontracté : assis, ou mieux, allongé.
- Local à 20 degrés.
- Partenaire ne souffrant pas de maladie cardiaque.
- Interdiction chez la femme enceinte et durant les menstrues.

Comment effectuer les pressions

Nous l'avons déjà dit, les pressions peuvent s'effectuer soit avec les doigts, soit avec n'importe quel objet (dé à coudre, capuchon de stylo, etc.).

La pression avec les doigts semble cependant être la meilleure, et ceci, pour plusieurs raisons. La sensibilité naturelle du doigt est nettement supérieure à la sensibilité qu'il aurait s'il est recouvert par un quelconque objet, même très fin. De plus, il s'établit entre le doigt du thérapeute et la peau un échange très particulier d'informations, vraisemblablement de nature électromagnétique : Il est en effet étrange de constater qu'après une séance d'acupuncture celui qui soigne est nettement plus fatigué que de raison. Sans pouvoir rien affirmer, nous pensons qu'une partie de son énergie passe dans le corps de l'autre. En outre, un doigt exercé, comme celui d'un pianiste, peut vraiment moduler les pressions : de la plus légère à la plus forte.

Il existe différentes façons de travailler avec le doigt aiguille (en chinois, Tche-Tchen), et un ouvrage complet pourrait y être consacré. Signalons que, pratiquement, on appuie soit avec la pulpe du doigt, soit avec le tranchant de l'ongle. Il est encore possible d'utiliser deux doigts, placés de part et d'autre du point, et, qui soit le pressent, soit encore le « drainent ».

Les pressions doivent être fortes, mais non douloureuses ; en principe, chaque pression dure quelques secondes. La durée totale des pressions exercées sur un point n'excède pas quelques minutes par séance.

6. Les bases de l'acupressing

Psychologie de l'acupressing

L'homme a un besoin vital de caresses, on le sait. Alors technique solitaire ou technique de couple ? Les deux ont leurs avantages. Souffrant de migraine ou de douleur, le sujet appréciera de pouvoir se soulager en agissant plusieurs fois par jour sur les points prescrits. Insomniaque, il sera heureux d'une expérience partagée. Plusieurs arguments peuvent être avancés en faveur de cette dernière. Les résultats de l'acupressing ne sont pas rapides et à l'engouement des premiers jours succède vite le découragement. La tenacité d'un des partenaires suppléera souvent à l'absence de volonté de l'autre. Trop souvent aussi nous ne connaissons pas notre corps : la recherche des zones d'acupressing sera un moyen de découverte ou de redécouverte de celui-ci. Enfin, il faut rappeler ici une constatation curieuse, encore non expliquée, mais que tous les acupuncteurs ont déjà ressentie. Il s'agit du passage d'énergie d'un corps vers l'autre et qui épuise celui qui pratique. Ceci est très net également lors de l'acupressing : le contact intime entre les deux corps au niveau des « puits d'énergie », que sont les points, provoque un passage d'énergie du plus fort au plus faible. Pour cette raison, aussi, il ne faut pas supprimer ce contact en interposant une pommade entre le doigt qui presse et la peau qui reçoit. Pour terminer, il nous semble intéressant de rappeler aux lecteurs les expériences nombreuses qui démontrent combien les caresses sont nécessaires et vitales à l'homme. Spitz, un psychanalyste américain, a montré qu'un enfant qui était privé durant les premiers mois du contact intime avec sa mère, non seulement grandissait moins bien, prenait moins de poids qu'un enfant soigné par sa mère, mais il a surtout appris que si ce contact intime était supprimé durant plusieurs semaines, l'enfant faisait une véritable dépression, avec refus alimentaire et apathie, pouvant conduire à la prostration (il a appelé ceci la dépression anaclitique). Harlow, psychologue américain, voulant étudier l'importance du contact, est arrivé aux mêmes conclusions chez l'animal. Pour cela, il enferma de jeunes singes dans une grande cage qui contenait deux mannequins, substituts de la mère singe. Le premier mannequin était muni d'un dispositif qui permettait au bébé singe de s'alimenter normalement. Le second était recouvert d'une peau douce. Le bébé singe passait la plus grande partie de la journée auprès du second mannequin qui lui rappelait le plus, par le contact, sa mère. S'il survenait un fait étrange (cri, lumière, etc.), le bébé se précipitait vers ce mannequin. Le mannequin qui distribuait la nourriture était uniquement perçu comme tel, et jamais le petit singe ne passait la journée auprès de lui, ni n'y cherchait la sécurité. Et Harlow de conclure : « Nous n'étions pas surpris de découvrir que le contact joue un rôle important dans les liens affectifs qui unissent la mère et l'enfant, mais nous ne pensions pas qu'il l'emporterait aussi totalement sur le facteur nourriture. Il est certain que le singe, aussi bien que l'homme, ne se nourrit pas exclusivement de lait. L'affection est un sentiment qui ne peut se mettre en bouteille et nous pouvons être sûrs que la soif de tendresse ne peut être étanchée par un biberon. » (cité par R. et D. Morris, *Hommes et singes,* Stock, page 172). En conclusion, nous nous répéterons simplement, en disant que les caresses sont vitales à l'homme et que l'acupressing qui conjugue le contact et le traitement mérite qu'on le pratique régulièrement.

L'acupressing et les maladies

L'acupressing peut vous aider ; il ne peut cependant remplacer un médecin.

L'acupressing peut prévenir ou soulager de nombreux petits malaises qui empoisonnent l'existence et pour lesquels la médecine traditionnelle ne peut grand chose, si ce n'est au prix de médicaments très (trop) puissants.

Les insomnies, la constipation, les maux de tête, le météorisme sont des manifestations de déséquilibre de l'organisme.

Si nous menions une vie plus saine, ces manifestations seraient plus rares. Aussi à ces « recettes d'acupressing », nous ajoutons quelques conseils : arrêtez de fumer, mangez mieux, renoncez à la télévision pour une promenade, faites du sport, extériorisez-vous. Tout ceci est à la portée de n'importe qui et ne coûte rien...

6. Les bases de l'acupressing

L'homme qui refuse de se conformer aux lois de la nature en subit les conséquences : vivez à votre rythme, vivez au rythme du temps, vivez au rythme des saisons ! Dans les pages qui suivent vous ne trouverez pas certaines « recettes » qui peuvent exister dans d'autres ouvrages. Ce n'est pas sans raison : nous savons que les maladies graves, les désordres importants sont uniquement de la compétence du médecin. Toute autre affirmation ne peut-être que trompeuse.

Cependant, en suivant les méthodes traditionnelles exposées dans ce volume[31], vous pouvez retrouver un équilibre perturbé et ainsi éviter certaines maladies.

CHAPITRE 7

Guide d'acupressing

Les maladies

Conformément à la tradition chinoise nous réservons aux troubles sexuels un chapitre « à part ». Le sexe est au corps ce que sont les Méridiens curieux aux Méridiens principaux ! Rappelons que ceux-ci sont « source », contrôle et commande de tous les autres Méridiens, exactement comme la sexualité est source, contrôle et commande de la vie.

Maladies	Points de traitement
1. Acné	1 Gros Intestin
2. Adynamie (des vieillards)	6 Rate-Pancréas
3. Aérophagie	4 Rate-Pancréas
4. Angine	11 Poumons
5. Aphonie	5 Cœur
6. Appétit (manque d')	41 Estomac
7. Bouche sèche	1 Intestin Grêle
8. Bourdonnements d'oreille	1 Gros Intestin
9. Cauchemars	5 Rate-Pancréas
10. Chagrin	9 Cœur
11. Constipation	41 Estomac
	9 Rate-Pancréas
	2 Foie
12. Convulsions	11 Poumons
13. Crampes dans les jambes	57 Vessie
14 Défatigant	13 Tou Mo
	36 Estomac
15. Dépression	3 Cœur
16. Diarrhée	4 Rate-Pancréas
	37 Estomac

17. Diurétique	9 Jenn Mo
18. Doigts froids	3 Cœur
19. Douleur (en général)	60 Vessie
20. Douleur dentaire	1 Gros Intestin
21. Douleur épaule-bras	10 Gros Intestin
22. Douleur crâne-dos	3 Triple Réchauffeur
23. Douleur hémorroïdaire	58 Vessie
24. Douleur lombaire	4 Reins
25. Foie (crise de)	38 Vésicule biliaire
26. Haleine (mauvaise)	27 Tou Mo
27. Hoquet	8 Maître du Cœur
28. Hypertension	7 Cœur
29. Incontinence urinaire	7 Cœur
30. Indigestion	13 Jenn Mo
	45
31. Insolation	40 Vessie
32. Insomnies	1 Rate-Pancréas
33. Lumbago	40 Vessie
34. Maigreur	43 Vessie
35. Menstruations (trouble des)	6 Rate-Pancréas
36. Nervosité	4 Reins
37. Obésité	9 Jenn Mo
	45 Estomac
38. Œdème	43 Estomac
39. Palpitations	6 Cœur
40. Paresse scolaire	7 Cœur
41. Prurit vulvaire	9 Cœur
42. Réanimation	9 Cœur
43. Respiratoires (difficultés)	17 Jenn Mo
44. Rhume	25 Tou Mo
45. Sciatique	40 Vessie
46. Sinusite	20 Gros Intestin
47. Spasmes digestifs	9 Rate-Pancréas

48. Tête (maux de)
- aux changements de temps — 5 Triple Réchauffeur
- avec photophobie — 60 Vessie
- sur le front/en casque — 15 Reins
- aux tempes — 20 Triple Réchauffeur
- orbite — 5 Cœur

49. Torticolis — 3 Intestin grêle
50. Toux (quintes de -) — 11 Poumons
51. Trac — 5 Cœur
52. Transports (mal des) — 21 Reins
53. Tremblement des mains — 3 Cœur
54. Vertiges — 58 Vessie
55. Yeux enflés (par pleurs) — 3 Intestin Grêle

Les Méridiens

- Le chiffre suivi d'un (*) indique le point du Méridien.
- Le(s) chiffre(s) entre parenthèses indique(nt) le numéro de la maladie dans la classification ci-dessus. Il est ainsi aisé de retrouver toutes les indications médicales correspondant à un point précis.

Méridien	Points
Poumon	11 * (4, 12, 50)
Gros Intestin	1 * (1, 8, 20) 10* (21) 20* (46)
Estomac	36* (11) 37* (16) 41* (6, 11) 43* (38) 45* (30, 37)
Rate-Pancréas	1* (32) 4* (3, 16) 5* (9) 6* (2, 35) 9* (11, 47)
Cœur	3* (15, 18, 53) 5* (5, 48, 51) 6* (39) 7* (28, 29, 40) 9* (10, 41, 42)
Intestin Grêle	1* (7) 3* (49, 55)
Vessie	40* (31, 33, 45) 43* (34) 57* (13) 58* (23, 54) 60* (19, 48)
Reins	4* (24, 36) 15* (48) 21* (52)
Maître du Cœur	8* (27)
Triple Réchauffeur	3* (22) 5* (48) 20* (48)
Vésicule Biliaire	38* (25)
Foie	2* (11)
Jenn Mo	9* (17, 37) 13* (30) 17* (43)
Tou Mo	13* (14) 25* (44) 27* (26)

Guide d'acupressing pour le traitement de quelques maladies courantes

1. Acné

- *Point* : 1 du Méridien Gros Intestin.
- *Nom chinois* : Chang Iang.
- *Nom français* : Solaire des Marchands.
- *Localisation* : à la face dorsale de la main ; sur la phalangette de l'index, à 2 mm de l'angle unguéal externe.
- *Autres indications* : bourdonnements d'oreille et douleurs dentaires.

2. Adynamie des personnes âgées

- *Point* : 6 Méridien Rate-Pancréas.
- *Nom chinois* : Sann Inn Tsiao.
- *Nom français* : Croisement des trois Inn.
- *Localisation* : à la face interne de la jambe ; à 4 travers de doigts au-dessus de la malléole interne.
- *Autre indication* : troubles des menstruations.

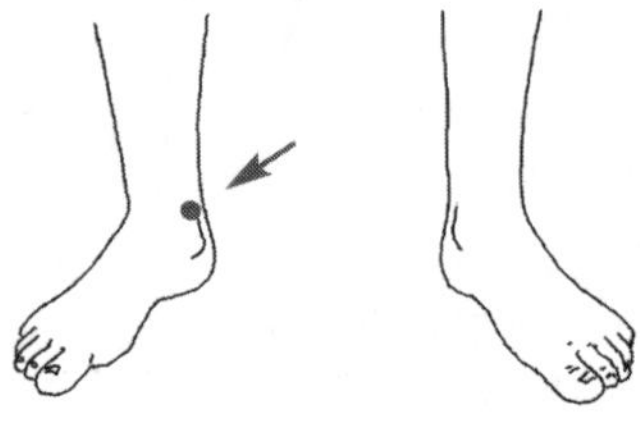

3. Aérophagie

- *Point* : 4 du Méridien Rate-Pancréas.
- *Nom chinois* : Kong Soun.
- *Nom français* : Fils du Prince.
- *Localisation* : à la base du premier métatarsien ; sur la ligne de démarcation entre la chair rouge et la chair blanche.
- *Autre indication* : diarrhées.

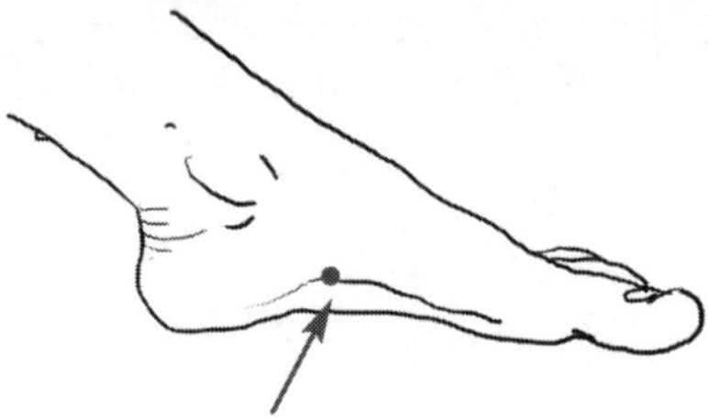

4. Angine

- *Point* : 11 du Méridien Poumons.
- *Nom chinois* : Chao Chang.
- *Nom français* : Moindre Marchand.
- *Localisation* : à la face dorsale de la main, à 2 mm en arrière de l'angle unguéal externe.

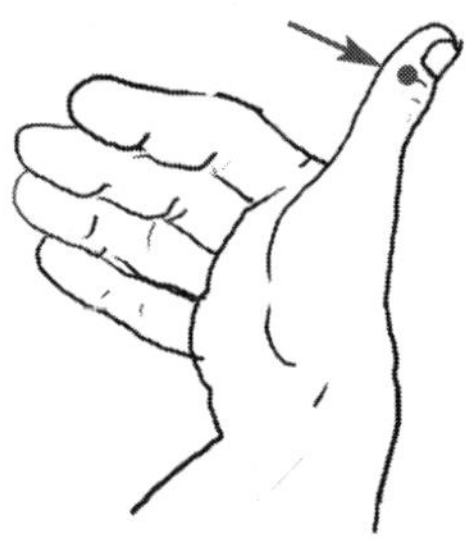

5. Aphonie

- *Point* : 5 du Méridien Cœur.
- *Nom chinois* : Trang Li.
- *Nom français* : Village communicant.
- *Localisation* : à la face antérieure du poignet, un travers de doigt au-dessus du pli de flexion.
- *Autres indications* : maux de tête et trac.

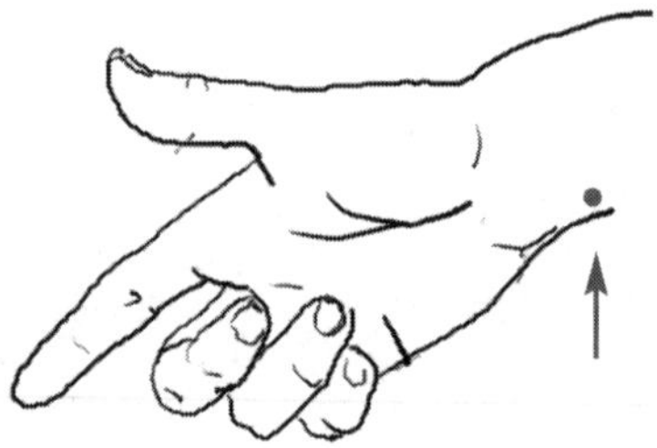

6. Appétit (manque d-')

- *Point* : 41 du Méridien Estomac.
- *Nom chinois* : Tsie Tsri.
- *Nom français* : Vallon élargi.
- *Localisation* : entre les deux tendons de la cheville.
- *Autre indication* : constipation

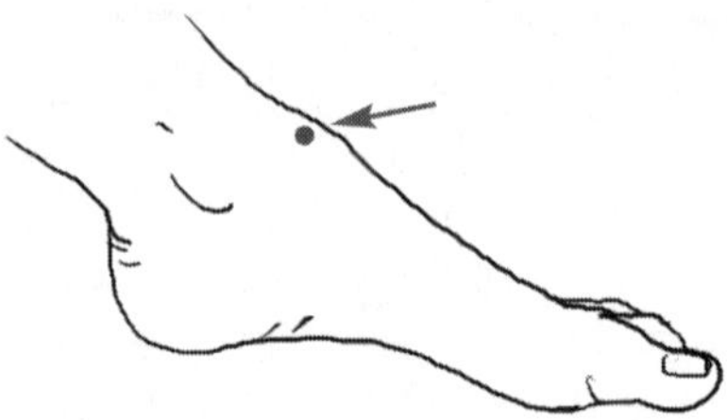

7. Bouche sèche

- *Point* : 1 du Méridien Intestin Grêle.
- *Nom chinois* : Chao Tsré.
- *Nom français* : non connu.
- *Localisation* : sur le bord cubital de la main, à 3 mm en arrière de l'angle unguéal interne de l'auriculaire.

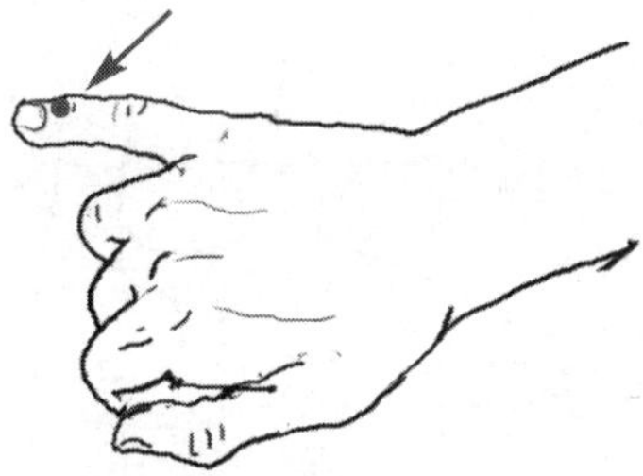

8. Bourdonnements d'oreille

- *Point* : 1 du Méridien Gros Intestin.
- *Nom chinois* : Chang Iang.
- *Nom français* : Solaire des Marchands.
- *Localisation* : à la face dorsale de la main, sur la phalangette de l'index, à 2 mm de l'angle unguéal externe.

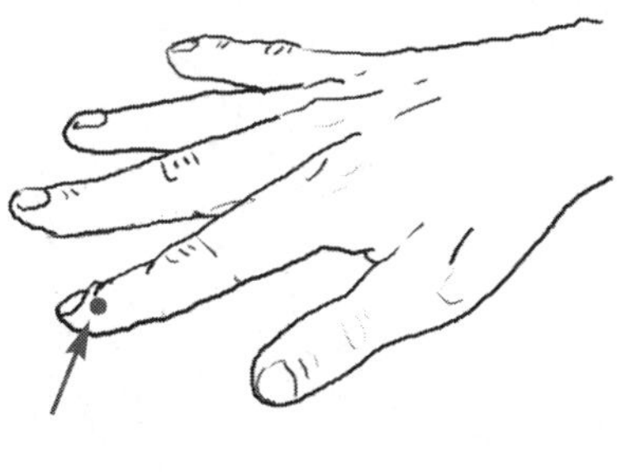

9. Cauchemars

- *Point* : 5 du Méridien Rate-Pancréas.
- *Nom chinois* : Chang Tsiou.
- *Nom français* : Tertre des Marchands.
- *Localisation* : au point de rencontre des lignes horizontale et verticale antérieures de la malléole interne.

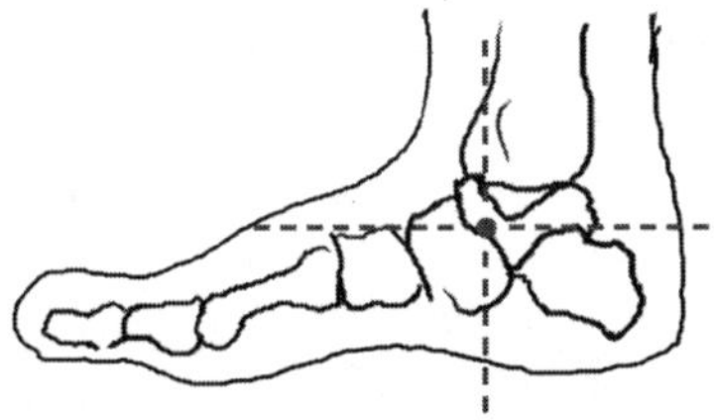

10. Chagrin

- *Point* : 9 du Méridien Cœur.
- *Nom chinois* : Chao Tchrong.
- *Nom français* : Moindre assaut.
- *Localisation* : à la face dorsale de la main, sur la phalangette du petit doigt, à 2 mm en arrière de l'angle unguéal externe.
- *Autres indications* : réanimation et prurit vulvaire.

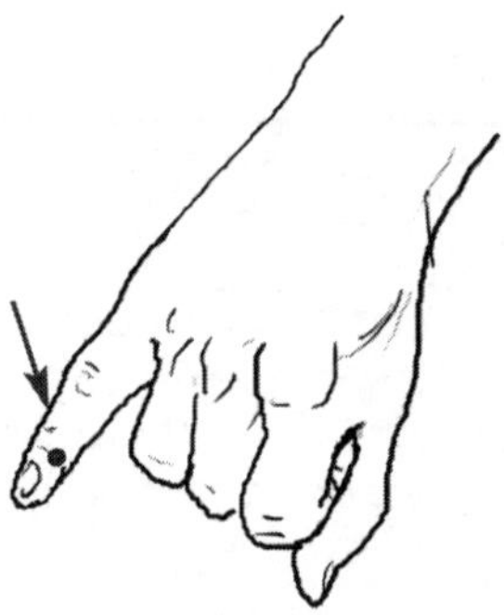

11. Constipation

Suivant le type de constipation, on utilisera l'un des trois points suivants :

- 41 Estomac : si l'origine est le manque d'appétit (voir n° 6) ;
- 9 Rate-Pancréas : si elle est d'origine spasmodique (voir n° 47) ;
- 2 Foie : dans tous les autres cas et lorsqu'elle est chronique.

Constipation chronique

- *Point* : 2 du Méridien Foie.
- *Nom chinois* : Sing Tsienn.
- *Nom français* : Intervalle agissant.
- *Localisation* : à la face dorsale du pied, à l'intersection de la ligne passant par le milieu des deux premiers orteils et l'horizontale des métatarsiens.

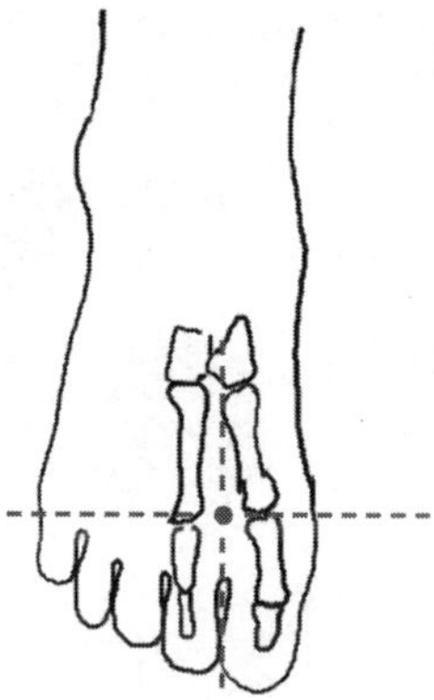

12. Convulsions

- *Point* : 11 du Méridien Poumons.
- *Nom chinois* : Chao Chang.
- *Nom français* : Moindre Marchand.
- *Localisation* : à la face dorsale de la main, à 2 mm en arrière de l'angle unguéal.
- *Autres indications* : angine et quintes de toux (voir n° 4).

13. Crampes dans les jambes

- *Point* : 57 du Méridien Vessie.
- *Nom chinois* : Tchreng-Chann.
- *Nom français* : non connu.
- *Localisation* : au milieu du mollet, dans la dépression du « V » formé par les muscles.

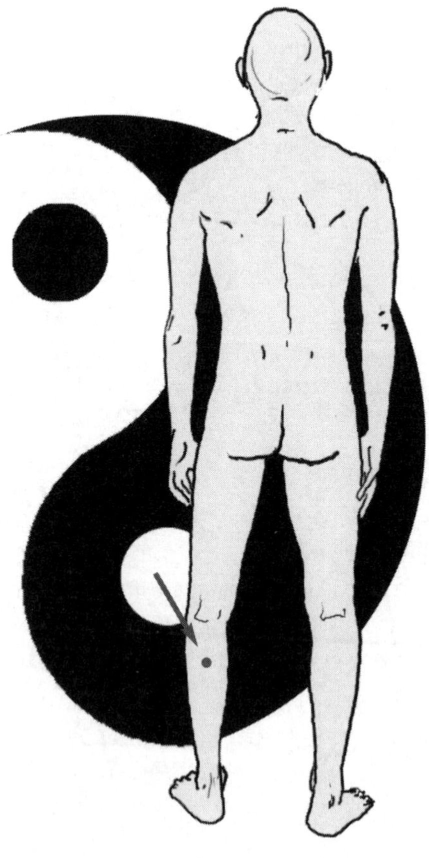

14a. Défatigant

- *Point* : 13 du Méridien Tou Mo (Vaisseau Gouverneur).
- *Nom chinois* : Pae Lao.
- *Nom français* : non connu.
- *Localisation* : sous l'apophyse épineuse de la septième vertèbre cervicale (c'est la plus volumineuse et c'est la seule à bouger si on tourne la tête).

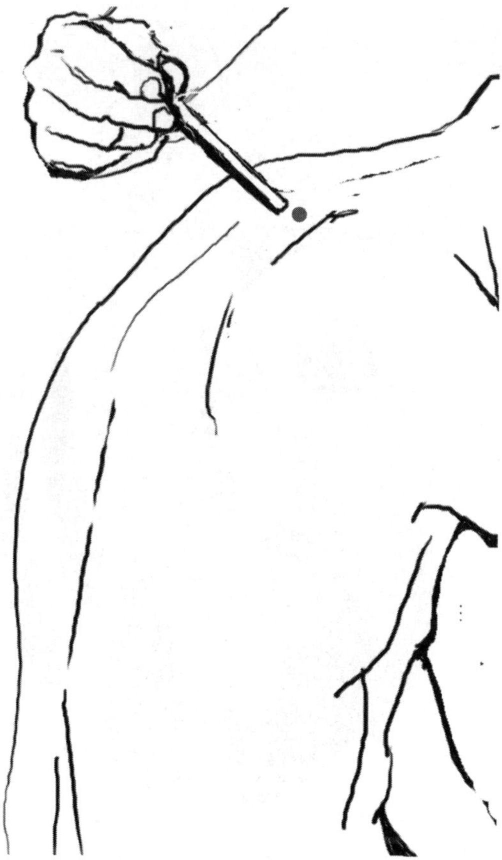

14b. Défatigant

- *Point* : 36 du Méridien Estomac.
- *Nom chinois* : Tsou Sann Li.
- *Nom français* : Troisième village.
- *Localisation* : à la face antéro-externe de la jambe, à 5 travers de doigts en dessous de la rotule.

Rappel : c'est ce point qui était utilisé pour l'application de moxas avant un long voyage.

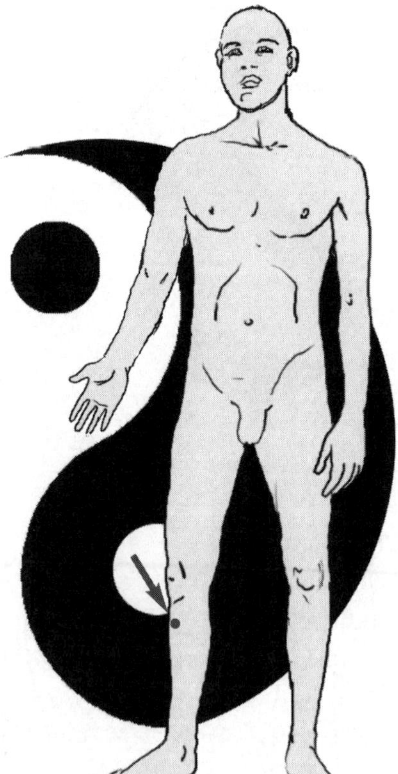

15. Dépression

- *Point* : 3 du Méridien Cœur.
- *Nom chinois* : Chao Rae.
- *Nom français* : Moindre mer.
- *Localisation* : à la face antéro-interne du coude, à la jonction du tendon et du pli de flexion.
- *Autres indications* : tremblements de mains et doigts froids.

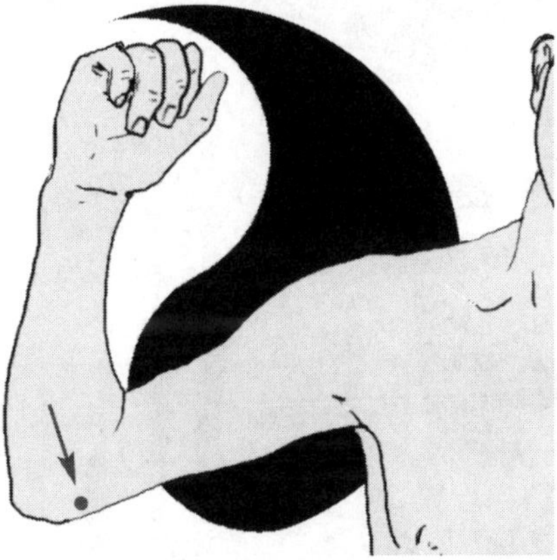

16a. Diarrhée

- *Point* : 4 du Méridien Rate-Pancréas.
- *Nom chinois* : Kong Soun.
- *Nom français* : Fils du prince.
- *Localisation* : au bord du premier métatarsien sur la ligne de démarcation entre la chair rouge et la chair blanche.
- *Autre indication* : aérophagie (voir n° 3).

16b. Diarrhée

- *Point* : 37 du Méridien Estomac.
- *Nom chinois* : Chang Lienn.
- *Nom français* : non connu.
- *Localisation* : à la face antérieure de la jambe, à 6 travers de doigts en dessous de la rotule.

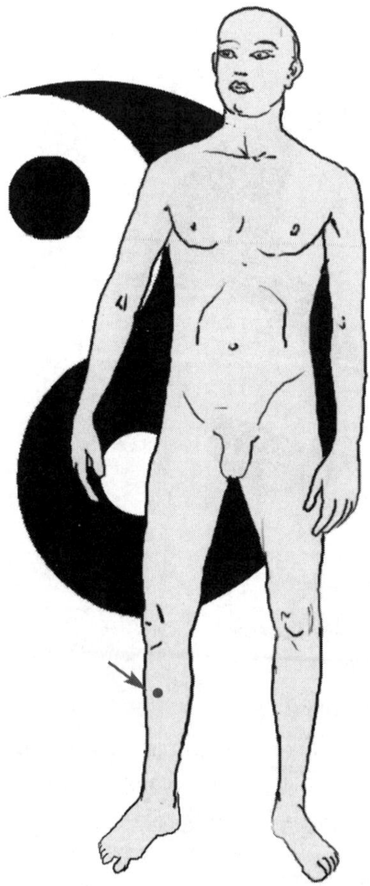

17. Diurèse (mauvaise)

- *Point* : 9 au Méridien Jenn Mo (Vaisseau Conception).
- *Nom chinois* : Choe Fenn.
- *Nom français* : non connu.
- *Localisation* : sur la ligne médiane, à un travers de doigt au-dessus de l'ombilic.
- *Autre indication* : obésité.

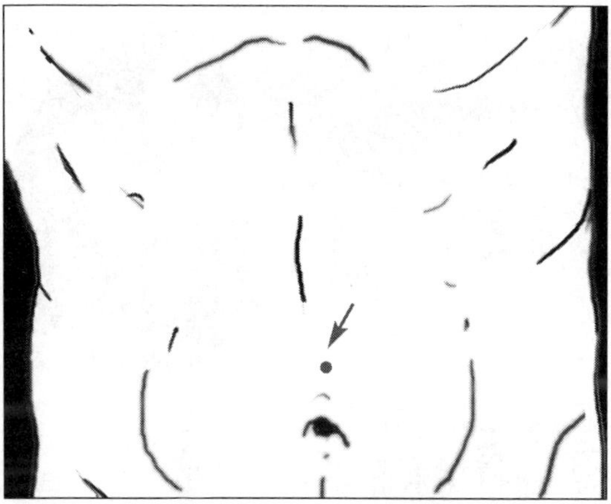

18. Doigts froids

- *Point* : 3 du Méridien Cœur.
- *Nom chinois* : Chao Rae.
- *Nom français* : Moindre mer.
- *Localisation* : à la face antéro-interne du coude, à l'intersection du pli de flexion avec un gros tendon.
- *Autres indications* : dépression et mains tremblantes (voir n° 15).

19. Douleur (en général)

- *Point* : 60 du Méridien Vessie.
- *Nom chinois* : Kroun Loun.
- *Nom français* : Monts Kroun Loun.
- *Localisation* : à la face externe du pied, entre la malléole externe et le tendon d'Achille.

20. Douleur dentaire

- *Point* : 1 du Méridien Gros Intestin.
- *Nom chinois* : Chang Iang.
- *Nom français* : Solaire des Marchands.
- *Localisation* : à la face dorsale de la main, sur la phalangette de l'index, à 2 mm de l'angle unguéal.
- *Autres indications* : bourdonnements d'oreilles et acné.

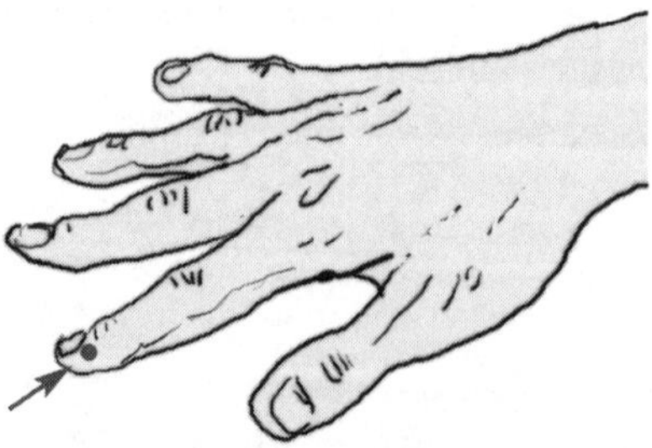

21. Douleurs épaule-bras

- *Point* : 10 du Méridien Gros Intestin.
- *Nom chinois* : Cheou Sann Li.
- *Nom français* : Troisième village.
- *Localisation* : à la face externe de l'avant-bras, à 3 travers de doigts du pli du coude.
- *Particularité* : « en Jiu-Jitsu, un coup sec sur ce point paralyse le bras, et si le coup est suffisamment violent, il fait évanouir » (Soulié de Morant 77-155).

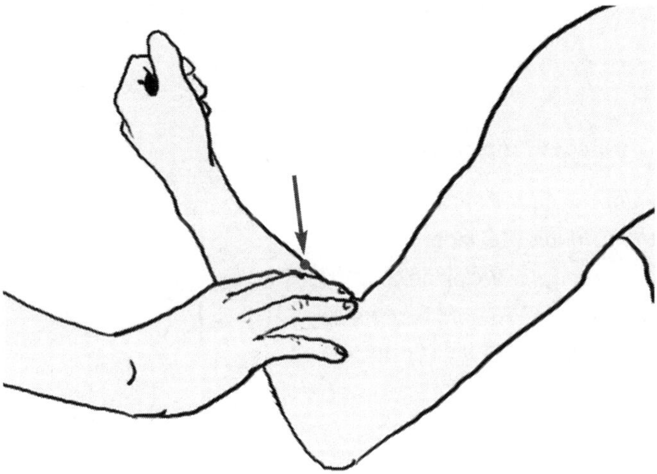

22. Douleur dos-épaule-main-crâne

- *Point* : 3 du Méridien Triple Réchauffeur.
- *Nom chinois* : Cheou Tchong Tchou.
- *Nom français* : Îlot central.
- *Localisation* : à la face dorsale de la main, entre le 4e et le 5e métacarpien.

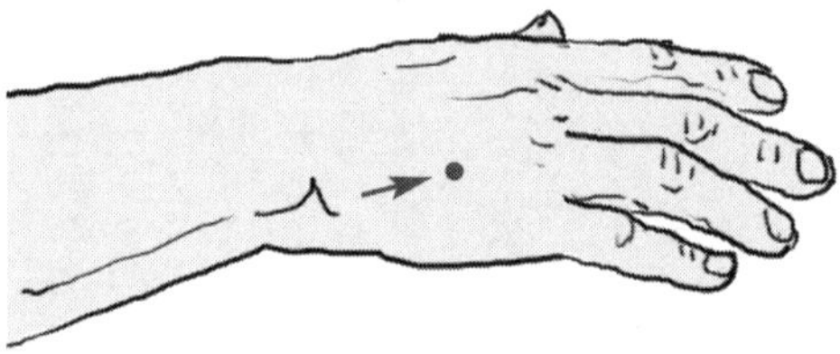

23. Douleurs hémorroïdaires

- *Point* : 58 du Méridien Vessie.
- *Nom chinois* : Fei Iang.
- *Nom français* : Vol plané.
- *Localisation* : au bord externe de la jambe, au niveau de l'insertion du muscle jumeau externe.
- *Autre indication* : vertiges.

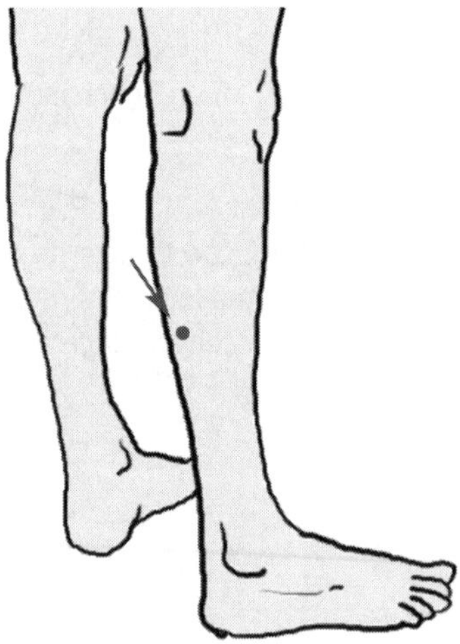

24. Douleurs lombaires

- *Point* : 4 du Méridien Reins.
- *Nom chinois* : Ta Tchong.
- *Nom français* : Grande cloche.
- *Localisation* : à la face interne du talon, à 2 cm en arrière de la malléole.
- *Autre indication* : nervosité.

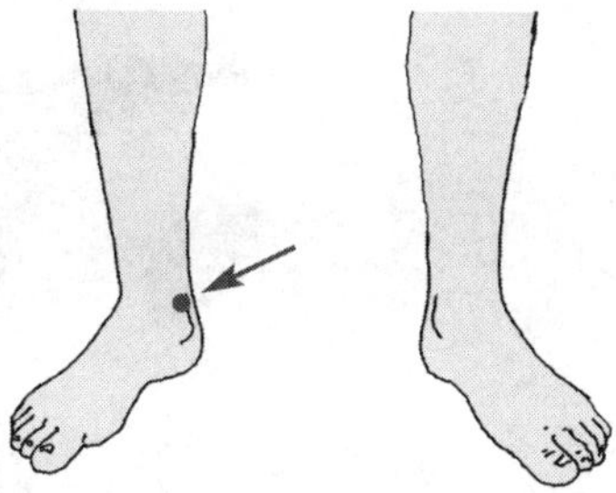

25. Foie (crise de)

- *Point* : 38 du Méridien Vésicule Biliaire.
- *Nom chinois* : Iang Fou.
- *Nom français* : non connu.
- *Localisation* : à 4 travers de doigts au-dessus de la malléole externe. On sent à cet endroit la convergence des tendons.

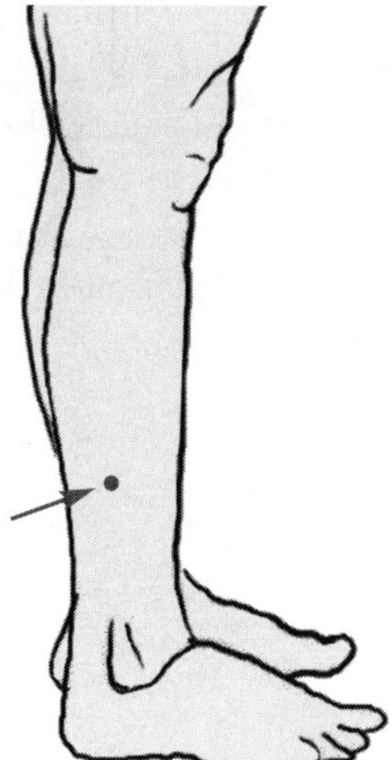

26. Haleine (mauvaise)

- *Point* : 27 du Méridien Tou Mo (Vaisseau Gouverneur).
- *Nom chinois* : Toe Toann.
- *Nom français* : non connu.
- *Localisation* : sur le tubercule de la lèvre supérieure.

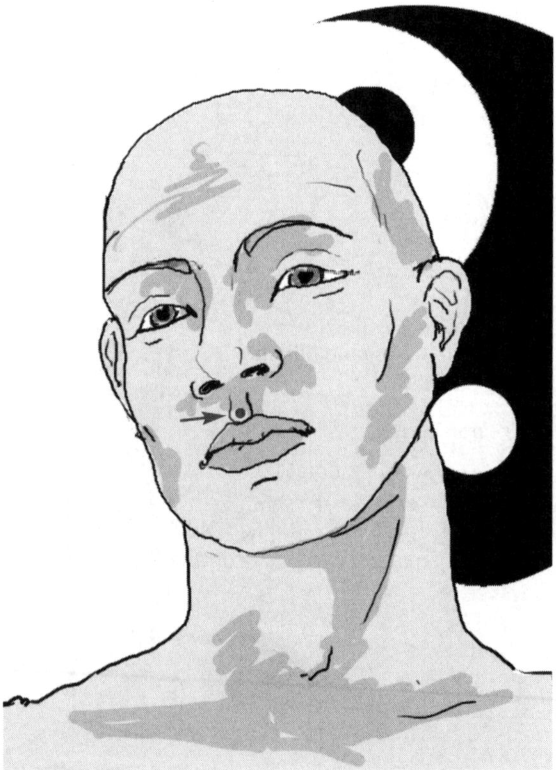

27. Hoquet

- *Point* : 8 du Méridien Maître du Cœur.
- *Nom chinois* : Lao Kong.
- *Nom français* : non connu.
- *Localisation* : paume de la main au niveau du pli transversal (« ligne de tête » de la chiromancie) entre l'auriculaire et le médius.

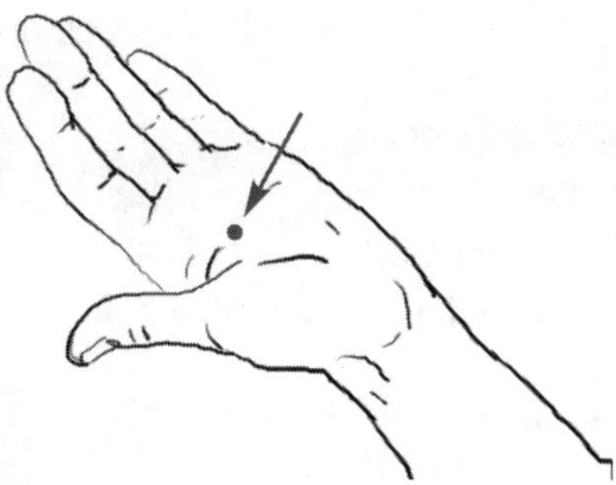

28. Hypertension

- *Point* : 7 du Méridien Cœur.
- *Nom chinois* : Chenn Menn.
- *Nom français* : Porte du conscient.
- *Localisation* : à la face antérieure de la main sous l'éminence hypothénar, à un travers de doigt du pli de flexion du poignet.
- *Autres indications* : paresse scolaire et incontinence d'urine (par émotivité).

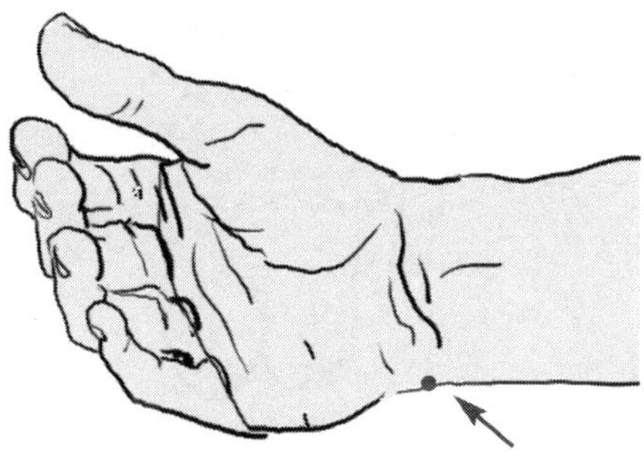

29. Incontinence d'urine (par émotivité)

- *Point* : 7 du Méridien Cœur.
- *Nom chinois* : Chenn Menn.
- *Nom français* : Porte du conscient.
- *Localisation* : à la face antérieure de la main, sous l'éminence hypothénar, à un travers de doigt du pli de flexion du poignet.
- *Autres indications* : paresse scolaire et hypertension (voir n° 28).

30a. Indigestion

- *Point* : 45 du Méridien Estomac.
- *Nom chinois* : Li Toe.
- *Nom français* : Payement cruel.
- *Localisation* : à la face dorsale du pied, à 2 mm en arrière de l'angle unguéal externe.
- *Autre indication* : obésité.

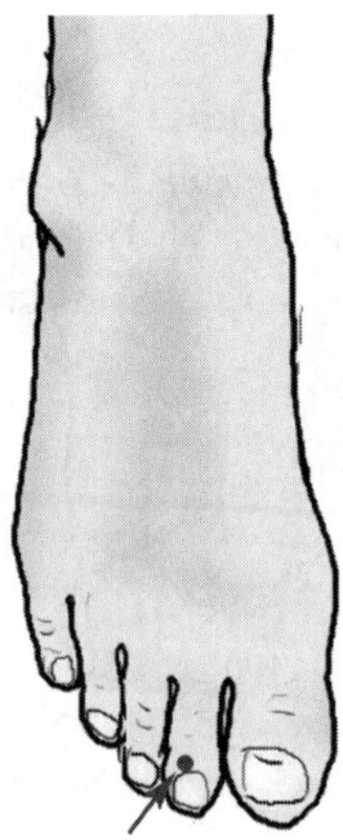

30b. Indigestion

- *Point* : 13 du Méridien Jenn Mo (Vaisseau Conception).
- *Nom chinois* : Chang Koann.
- *Nom français* : Estomac supérieur.
- *Localisation* : à 5 travers de doigts en dessous de l'appendice xyphoïde.

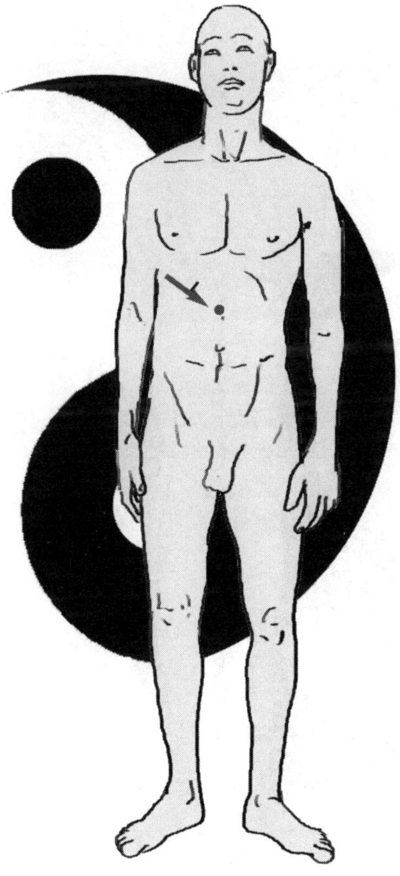

31. Insolation

- *Point* : 40 du Méridien Vessie (dans l'ancienne nomenclature, c'est le point 54).
- *Nom chinois* : Oe-Tchong.
- *Nom français* : non connu.
- *Localisation* : au milieu du creux poplité.
- *Autre indication* : lumbago et sciatique.

32a Insomnies

- *Point* : ceci est un point extraordinaire, c'est-à-dire qu'il est hors Méridien.
- *Nom chinois* : An Mien.
- *Nom français* : non connu.
- *Localisation* : à deux travers de doigts derrière l'oreille : on y sent une petite dépression.

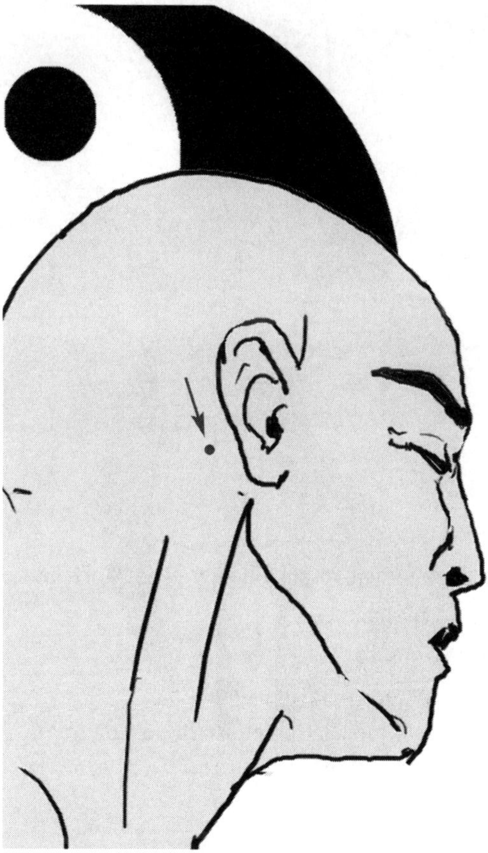

32b. Insomnies

- *Point* : 1 du Méridien Rate-Pancréas.
- *Nom chinois* : Inn Po.
- *Nom français* : non connu.
- *Localisation* : à 2 mm en dedans et en arrière de l'angle unguéal interne du gros orteil.

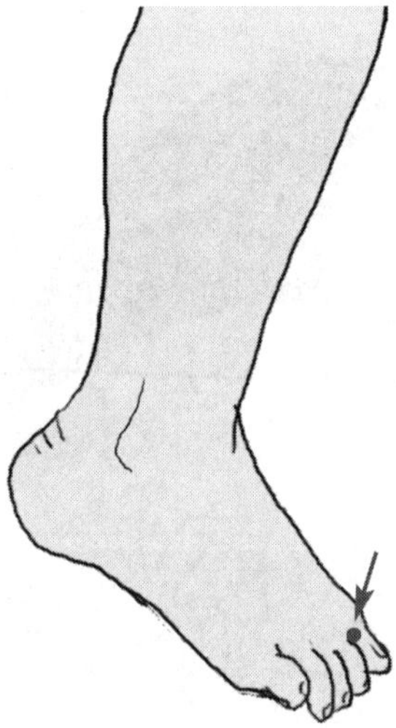

33. Lumbago

- *Point* : 40 du Méridien Vessie (ou 54 V dans l'ancienne nomenclature).
- *Nom chinois* : Oe-Tchong.
- *Nom français* : non connu.
- *Localisation* : au milieu du creux poplité.
- *Autres indications* : insolation et sciatique (voir n° 31).

34. Maigreur

- *Point* : 43 du Méridien Vessie.
- *Nom chinois* : Kao-Roang.
- *Nom français* : Centre vital.
- *Localisation* : à l'intersection entre l'omoplate et une ligne horizontale partant de la quatrième vertèbre dorsale.

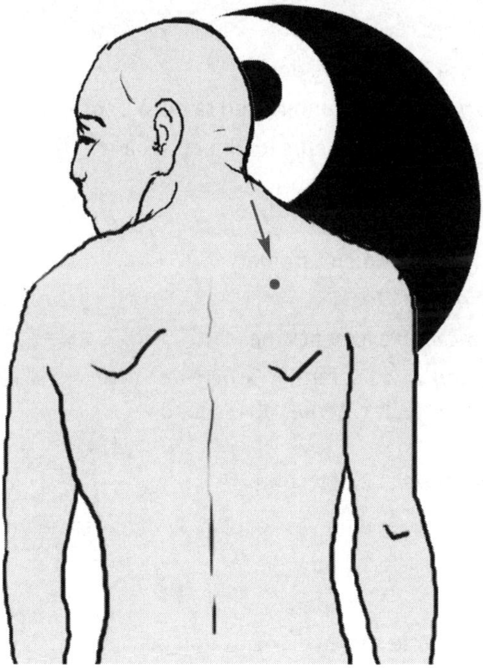

35. Menstruations (trouble des -)

- *Point* : 6 du Méridien Rate-Pancréas.
- *Nom chinois* : Sann Inn Tsiao.
- *Nom français* : Croisement des trois Inn.
- *Localisation* : à la face interne de la jambe, à quatre travers de doigts au-dessus de la malléole.
- *Autre indication* : adynamie des personnes âgées (voir n° 2).

36. Nervosité

- *Point* : 4 du Méridien Reins.
- *Nom chinois* : Ta Tchong.
- *Nom français* : Grande cloche.
- *Localisation* : à la face interne du talon, à 2 cm en arrière de la malléole.
- *Autre indication* : douleurs lombaires (voir n° 24).

37a. Obésité (par boulimie)

- *Point* : 45 du Méridien Estomac.
- *Nom chinois* : Li Toe.
- *Nom français* : Payement cruel.
- *Localisation* : à deux mm en arrière de l'angle unguéal externe du second orteil.
- *Autre indication* : indigestion.

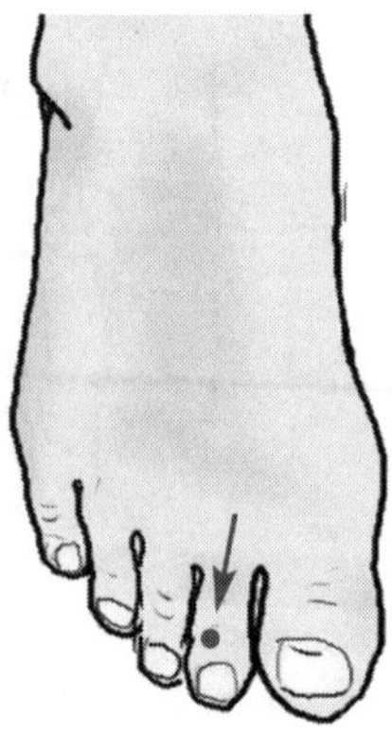

37b. Obésité

- *Point* : 9 du Méridien Jenn Mo (Vaisseau Conception).
- *Nom chinois* : Choe Fenn.
- *Nom français* : non connu.
- *Localisation* : sur la ligne médiane, à un travers de doigt au dessus de l'ombilic.
- *Autre indication* : diurèse.

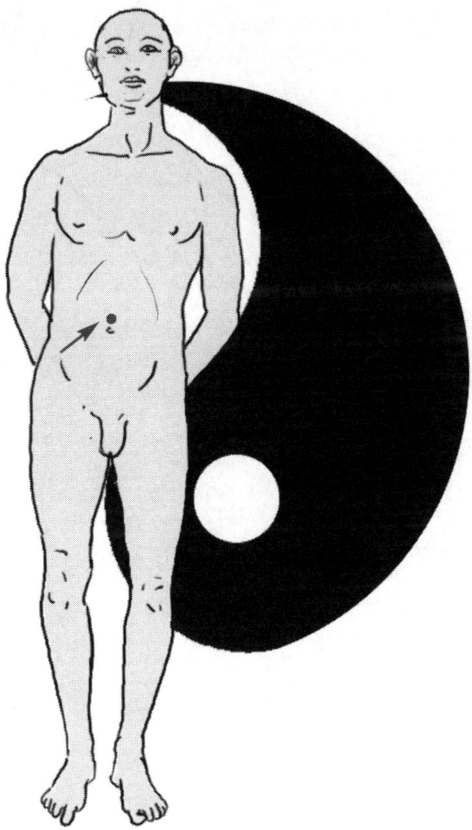

38. Œdème

- *Point* : 43 du Méridien Estomac.
- *Nom chinois* : Sienn Kou.
- *Nom français* : non connu.
- *Localisation* : à la face dorsale du pied, à l'angle de réunion des deuxième et troisième métatarsiens.

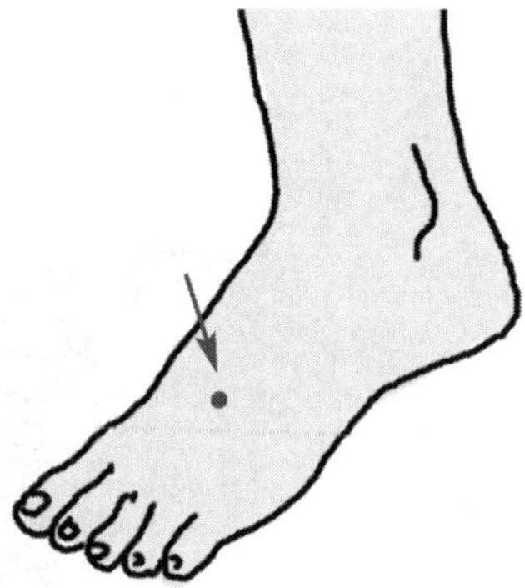

39. Palpitations

- *Point* : 6 du Méridien Cœur.
- *Nom chinois* : Inn Tsri.
- *Nom français* : non connu.
- *Localisation* : sur le bord cubital de la main, au niveau du pli de flexion du poignet.

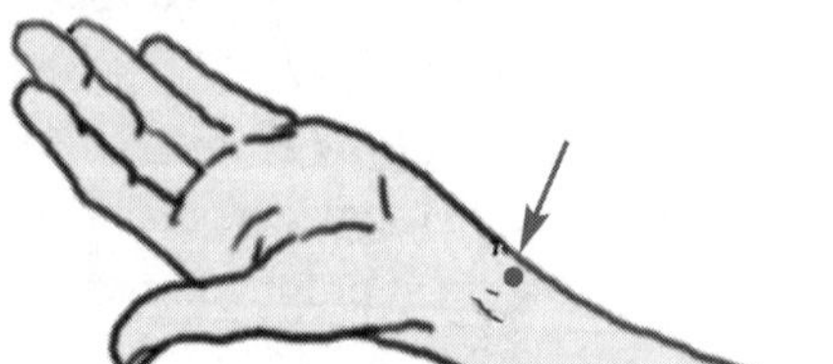

40. Paresse scolaire

- *Point* : 7 du Méridien Cœur.
- *Nom chinois* : Chenn Menn.
- *Nom français* : Porte du conscient.
- *Localisation* : à la face antérieure de la main, sur l'éminence hypothénar, à un travers de doigt au-dessus du pli de flexion du poignet.
- *Autres indications* : hypertension et incontinence d'urine (par émotivité).

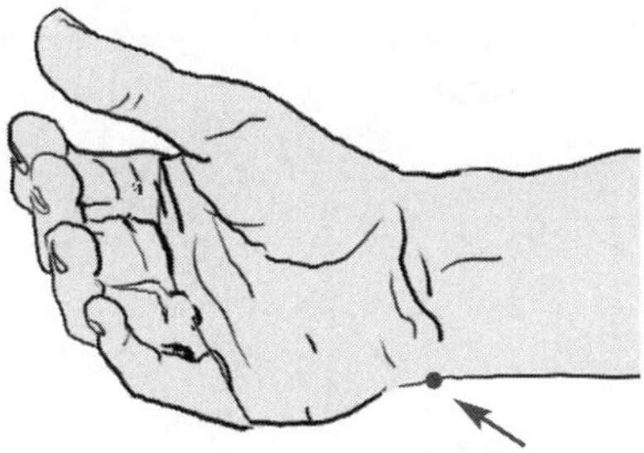

41. Prurit vulvaire

- *Point* : 9 du Méridien Cœur.
- *Nom chinois* : Chao Tchrong.
- *Nom français* : Moindre assaut.
- *Localisation* : à la face dorsale de la main, sur la phalangette du petit doigt, à 2 mm en arrière de l'angle unguéal.
- *Autres indications* : réanimation et chagrin (voir n° 10).

42. Réanimation

- *Point* : 9 du Méridien Cœur.
- *Nom chinois* : Chao Tchrong.
- *Nom français* : Moindre assaut.
- *Localisation* : à la face dorsale de la main, sur la phalangette du petit doigt, à 2 mm en arrière de l'angle unguéal externe.
- *Autres indications* : chagrin et prurit vulvaire (voir n° 10).

43. Respiratoires (difficultés)

- *Point* : 17 du Méridien Jenn Mo (Vaisseau Conception).
- *Nom chinois* : Trann Tchrong.
- *Nom français* : non connu.
- *Localisation* : à égale distance des deux mamelons sur l'horizontale qui les réunit.

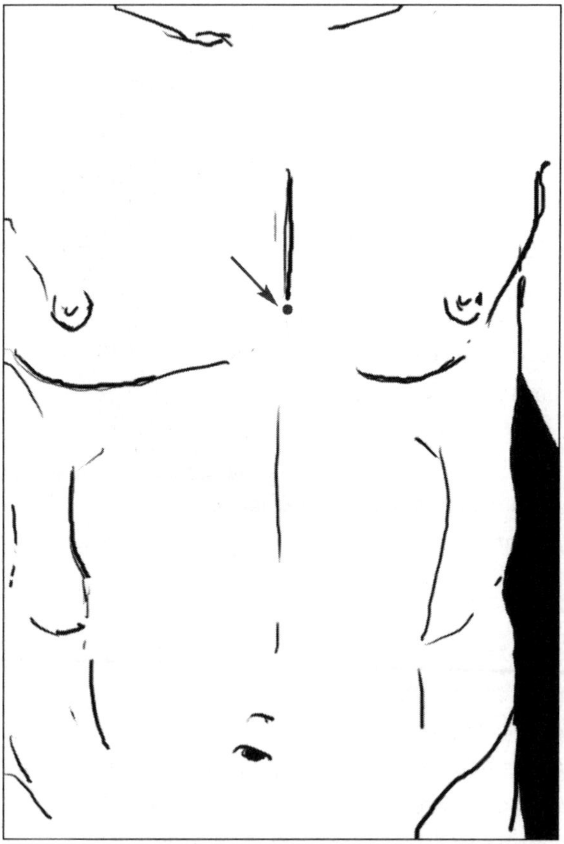

44. Rhume

- *Point* : 25 du Méridien Tou Mo (Vaisseau Gouverneur).
- *Nom chinois* : Choe-Keou.
- *Nom français* : non connu.
- *Localisation* : juste sous le nez ; au niveau du cartilage qui sépare les deux narines.

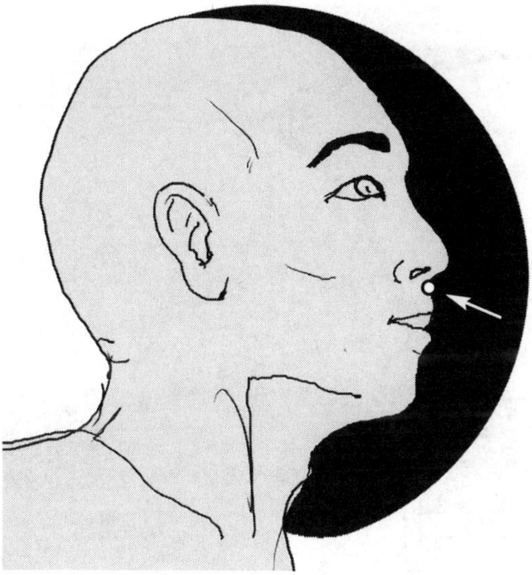

45. Sciatique

- *Point* : 40 du Méridien Vessie.
- *Nom chinois* : Oe-Tchong.
- *Nom français* : non connu.
- *Localisation* : au milieu du creux poplité.
- *Autres indications* : lumbago et insolation (voir n° 31).

46a. Sinusite

- *Point* : 20 du Méridien Gros Intestin.
- *Nom chinois* : Ing-Siang.
- *Nom français* : non connu.
- *Localisation* : à l'intersection de l'horizontale tracée de la base du nez et du pli naso-génien.

46b. Sinusite

- *Point* : extraordinaire (hors Méridien).
- *Nom chinois* : Inn-Tang.
- *Nom français* : non connu.
- *Localisation* : à égale distance des deux sourcils.

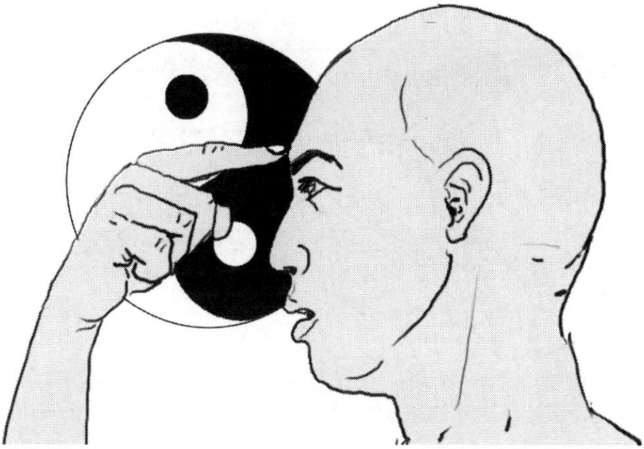

47. Spasmes digestifs

- *Point* : 9 du Méridien Rate-Pancréas.
- *Nom chinois* : Inn Ling Tsiuann.
- *Nom français* : Source du tertre interne.
- *Localisation* : à la face antéro-interne de la jambe, à deux travers de doigts sous le pli de flexion du genou.
- *Autre indication* : constipation (voir n° 11).

48a. Maux de tête (aux changements de temps)

- *Point* : 5 du Méridien Triple Réchauffeur.
- *Nom chinois* : Oae-Koann.
- *Nom français* : non connu.
- *Localisation* : à la face postérieure de l'avant-bras, à 2 travers de doigts au-dessus du pli de flexion du poignet, dans la gouttière séparant le radius et le cubitus.

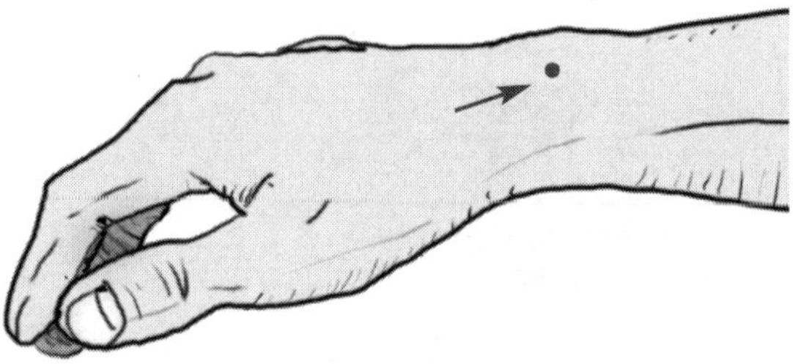

48b. Maux de tête (avec photophobie)

- *Point* : 60 du Méridien Vessie.
- *Nom chinois* : Kroun Loun.
- *Nom français* : Monts Kroun Loun.
- *Localisation* : à la face externe du pied, entre la malléole externe et le tendon d'Achille.
- *Autre indication* : douleur (en général) (voir n° 19).

48c. Maux de tête (sur le front et en casque)

- *Point* : 15 du Méridien Reins.
- *Nom chinois* : Tchong-Tchou.
- *Nom français* : non connu.
- *Localisation (avec l'ombilic comme repère)* : à 2 travers de doigts latéralement et à un travers de doigt en dessous.

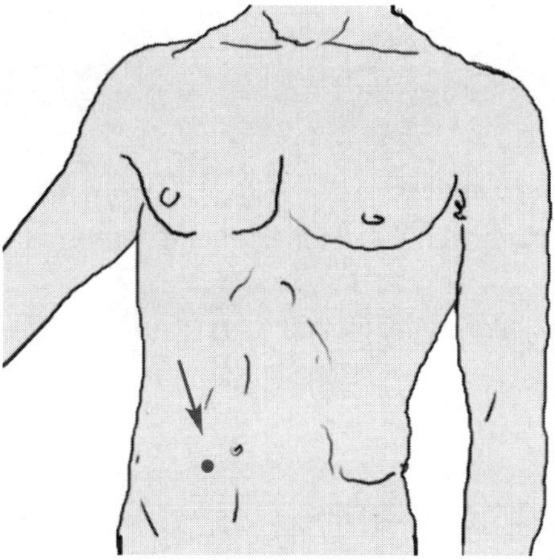

48d. Maux de tête (aux tempes)

- *Point* : 20 du Méridien Triple Réchauffeur.
- *Nom chinois* : Tsiou-Soun.
- *Nom français* : non connu.
- *Localisation* : juste en avant et au-dessus de l'attache du pavillon de l'oreille.

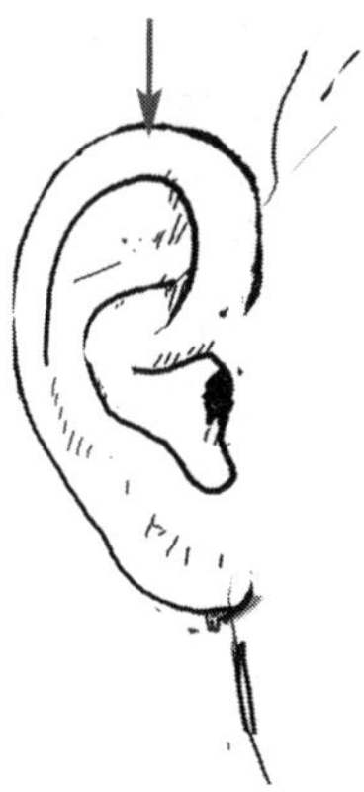

48e. Maux de tête (ophtalmiques)

- *Point* : 5 du Méridien Cœur.
- *Nom chinois* : Trong Li.
- *Nom français* : Village communicant.
- *Localisation* : à la face antérieure du poignet, à un travers de doigt au-dessus du pli de flexion du poignet.
- *Autres indications* : aphonie et trac (voir n° 5).

49. Torticolis

- *Point* : 3 du Méridien Intestin Grêle.
- *Nom chinois* : Reou-Tsri.
- *Nom français* : Vallon postérieur.
- *Localisation* : sur le bord cubital de la main, poing fermé (à l'extrémité du pli).
- *Autre indication* : yeux enflés par pleurs.

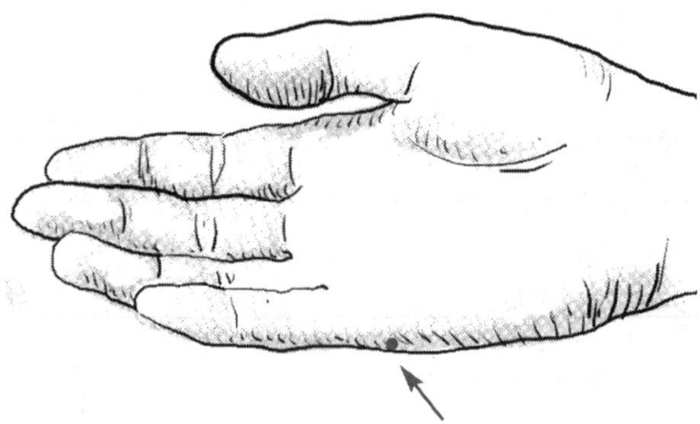

50. Toux (quintes de)

- *Point* : 11 du Méridien Poumons.
- *Nom chinois* : Chao Chang.
- *Nom français* : Moindre Marchand.
- *Localisation* : à la face dorsale de la main, à 2 mm en arrière de l'angle unguéal externe.
- *Autres indications* : convulsions et angine (voir n° 4).

51. Trac

- *Point* : 5 du Méridien Cœur.
- *Nom chinois* : Trong Li.
- *Nom français* : Village communicant.
- *Localisation* : à la face antérieure du poignet au point le plus saillant de l'apophyse cubitale (à un travers de doigt au-dessus du pli de flexion).
- *Autres indications* : maux de tête et aphonie.

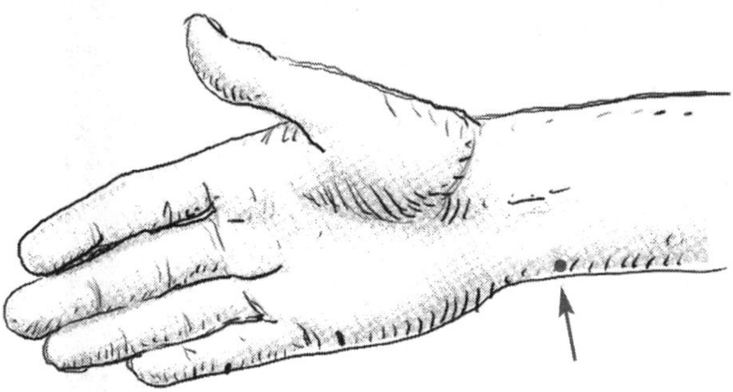

52. Transports (mal des)

- *Point* : 21 du Méridien Reins.
- *Nom chinois* : You Menn.
- *Nom français* : non connu.
- *Localisation* : avec comme repère la pointe de l'apophyse xyphoïde ; latéralement à deux travers de doigts.

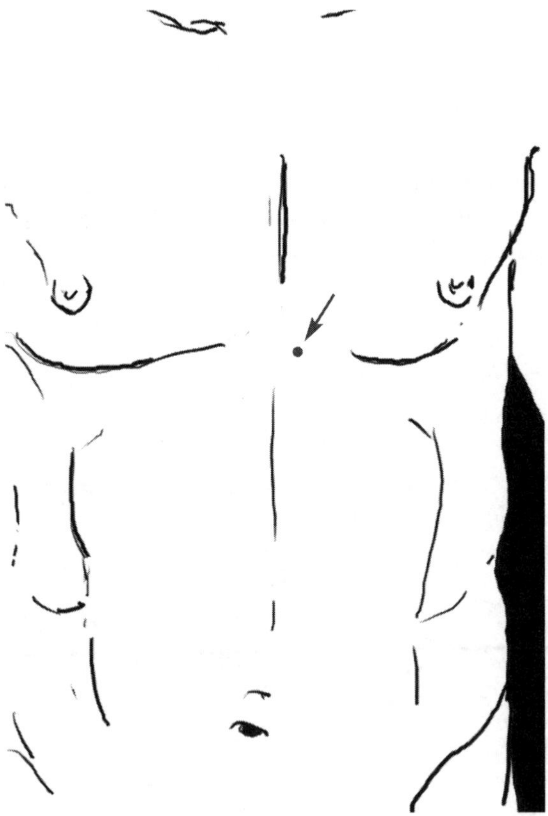

53. Tremblements des mains

- *Point* : 3 du Méridien Cœur.
- *Nom chinois* : Chao Rae.
- *Nom français* : Moindre mer.
- *Localisation* : à la face antéro-interne du coude, à la jonction du tendon et du pli de flexion.
- *Autres indications* : dépression et doigts froids (voir n° 15).

54. Vertiges

- *Point* : 58 du Méridien Vessie.
- *Nom chinois* : Fei-Iang.
- *Nom français* : Vol plané.
- *Localisation* : au bord externe de la jambe, au niveau de l'insertion du muscle jumeau externe.
- *Autre indication* : douleurs hémorroïdaires (voir n° 3).

55. Yeux enflés (par suite de pleurs)

- *Point* : 3 du Méridien Intestin Grêle.
- *Nom chinois* : Reou Tsri.
- *Nom français* : Vallon postérieur.
- *Localisation* : sur le bord cubital de la main, poing fermé (à l'extrémité du pli de flexion).
- *Autre indication* : torticolis (voir n° 49).

CHAPITRE 8
L'acupressing et l'amour

Une sexualité défaillante, un plaisir non partagé sont sources de nervosité, de dépression et parfois conduisent le couple vers la séparation.

Pour les « malades de l'amour », au sens nouveau du terme, il existe aujourd'hui de nombreuses méthodes nées des travaux pionniers des sexologues Masters et Johnson. Une meilleure connaissance des mécanismes de l'amour permet de guérir certaines défaillances. Ceci n'est pas l'objet de ce volume et le lecteur intéressé trouvera aisément l'ouvrage qui lui convient dans la très riche littérature publiée ces dernières années. L'amour a toujours été en Chine une occupation importante qui ne donnait lieu à aucune gêne, à aucun « tabou ». Le microcosme et le macrocosme n'étant, nous l'avons répété maintes fois, qu'une manifestation différente d'une même énergie, l'union de l'homme et de la femme, du Inn et du Yang, obéit également aux lois de la nature, aux lois de l'équilibre, à celles du Tao.

L'acte d'amour obéit donc aux lois de l'Univers et la littérature chinoise ancienne a consacré une part importante de sa production à l'érotisme. La place nous manque pour approfondir le sujet et nous renvoyons le lecteur à l'ouvrage classique de Robert Van Gulik, *La vie sexuelle dans la Chine ancienne* (Gallimard) ou à celui de Humana et Wang Wu, *Le Ying- Yang ou l'art d'aimer en Chine* (Albin Michel)[32].

Nous nous intéresserons aux points d'acupressing utilisables en cas de troubles sexuels et particulièrement en cas d'impuissance masculine ou de frigidité.

Cinq points sont essentiellement utilisés :

- le point 8 du Méridien du Foie ;
- le point 4 du Méridien Jenn Mo ;
- le point 6 du Méridien Jenn Mo ;
- le point 30 du Méridien de l'Estomac ;
- le point 4 du Méridien Tou Mo.

Quatre de ces points sont situés à la face antérieure et interne du corps, le cinquième (du Méridien Gouverneur) est postérieur.

Le **point 8 du Méridien du Foie** est placé à la face interne de la jambe, juste au-dessus du creux poplité.

Les **deux points de Jenn Mo** sont placés entre l'ombilic et le pubis, sur une ligne droite médiane.

Le point 30 du Méridien de l'Estomac est placé à 5 travers de doigts en dessous de l'ombilic, et à 1 travers de doigt latéralement.

Le **point 4 de Tou Mo** est situé à 4 travers de doigts au-dessus du sacrum.

La stimulation régulière de ces points doit permettre après quelques semaines de retrouver une nouvelle vigueur sexuelle.

En stimulant ces points, on agit sur plusieurs Méridiens et nous pensons que le lecteur sera curieux de connaître les connexions de ces points avec le reste du réseau d'acupuncture. Ceci illustrera bien l'action de l'acupressing sur la distribution de l'énergie non seulement au niveau du point stimulé mais dans tout le corps.

8. L'acupressing et l'amour

Les points d'acupressing de stimulation sexuelle

Méridien du Foie (point 8)

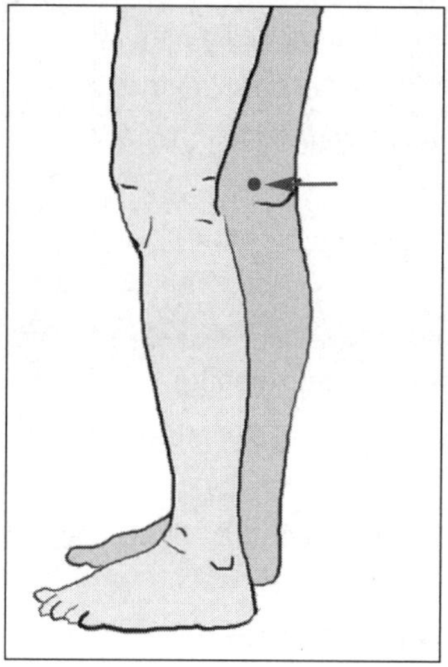

Méridien Tou Mo (point 4)

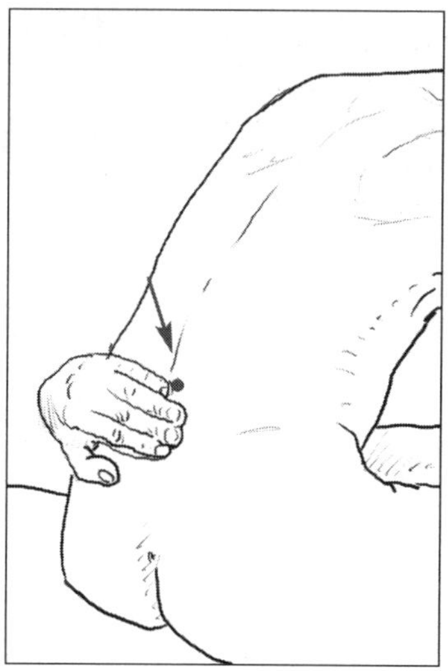

Méridien Jenn Mo (points 6 et 4)

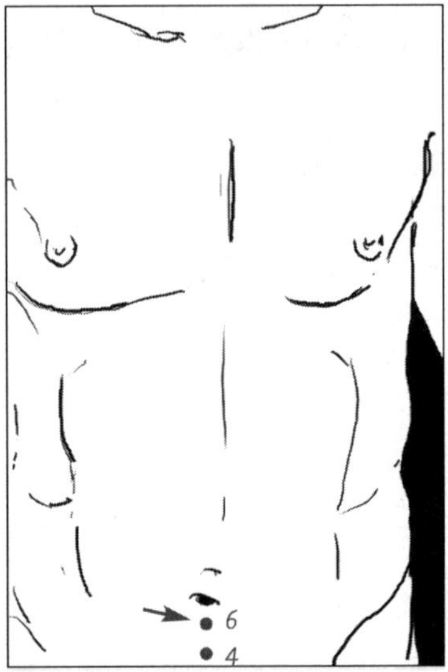

Méridien de l'Estomac (point 30)

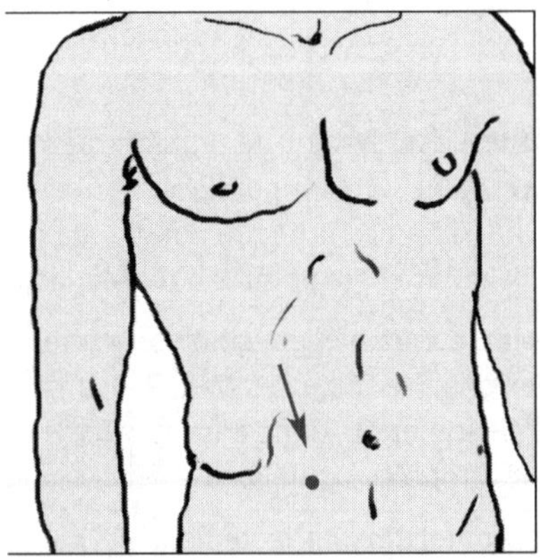

8. L'acupressing et l'amour

Physiologie des points

Cette explication est réservée au lecteur vraiment très curieux ; celui qui l'est moins peut sauter ces quelques lignes qui ne sont pas indispensables à la compréhension générale de l'ouvrage.

Le point 8 du Méridien du Foie est le point de Tonification du Méridien et son point Mo.

Le point 30 du Méridien de l'Estomac est un des points les plus importants de ce Méridien ; en effet, il est le point de réunion avec un Méridien curieux (Tchong Mo, voir plus loin), et est également le point de départ du Méridien distinct de l'Estomac. Il est le point de sortie de la branche profonde de ce Méridien et est considéré comme point énergétique de la ceinture pelvienne. Il appartient, par ailleurs, au seul Méridien Yang circulant sur la face ventrale (il est charnière entre le Inn et le Yang : voir, plus haut, les niveaux d'énergie).

Les deux points de Jenn Mo (Vaisseau Conception), le 4 et le 6, sont eux aussi très importants. Rappelons que le Méridien curieux Jenn Mo est la « mère de tous les Inn ». Il intervient de façon prépondérante dans la régulation de toute perturbation de nature Inn.

Le point 4 est le point de réunion de tous les Inn du membre inférieur. Il existe dans le corps 4 points qui puncturés ensemble rétablissent l'équilibre Inn-Yang perturbé : le point 4 de Jenn Mo est l'un de ces points. De plus, ce point est le point Mo du Méridien de l'Intestin Grêle.

Le point 6, appelé en chinois, « mer de l'énergie » possède peu de connexions avec d'autres Méridiens mais il est le lieu de concentration de l'énergie Inn et est donc à utiliser dans toutes les maladies chroniques et dans les troubles sexuels.

Nous promettons au lecteur de ne plus lui imposer une telle dissection mais nous pensions qu'ainsi il aura conscience de l'importance de son geste !

Le Méridien Tchong Mo (Vaisseau Stratégique) et le sexe

La tradition chinoise désigne le Tchong Mo sous le terme de « mer des douze Méridiens et vaisseaux secondaires » (*Nei Tching*), et son nom signifie « Vaisseau Stratégique » ou « Vaisseau d'Assaut ».

Stratégique, il l'est, car il relie les différentes formes d'énergie : ancestrale, de défense et alimentaire ; les reliant, il se trouve être « mer » de tous les Méridiens principaux et secondaires (à l'exception des Méridiens curieux). Ce Méridien est, aussi, en quelque sorte, « Maître de la vie sexuelle » car il relie les nombreuses fonctions sexuelles et génétiques.

Comme il possède de nombreuses connexions avec les Méridiens Inn du membre inférieur et le Vaisseau Conception (Jenn Mo), il y trouve sa nature : Inn. Dans la relation sexuelle – fécondation du Inn par le Yang – le Méridien Tchong Mo de l'homme est en contact avec le Jenn Mo de la femme. Le Méridien « d'Assaut » assaille le Vaisseau Conception et la fécondation (Yang dans le Inn) est rendue possible.

On comprend dès lors que les phénomènes sexuels soient en rapport avec le Méridien Inn.

Notons que, chez l'être humain, une sexualité épanouie n'est possible que s'il y a également participation psychique (Yang). L'alternance et la complémentarité du dipôle fondamental sont ainsi pleinement représentées.

Le Trajet de Tchong Mo

Ce trajet est complexe étant donné le rôle capital du Méridien. Le trajet chemine :

- à la face interne du membre inférieur ;
- autour des organes génitaux ;
- à la face antérieure de l'abdomen et du thorax ;
- au visage.

Rappelons qu'il s'agit d'un Méridien curieux : il ne possède donc pas de points propres et il est habituellement virtuel.

Lorsqu'un excès d'énergie provoque l'activation de ce Méridien, celui-ci prend, alors, en commande tout le corps. Lorsque l'énergie sexuelle est en excès, elle s'empare, elle aussi, du corps tout entier, et l'homme en perd parfois le peu de « libre arbitre » qu'il possède.

Il serait instructif de comparer le trajet de Tchong Mo avec les manifestations paroxystiques d'une sexualité inhibée (hystérie de conversion, délire, crime, attentat à la pudeur...). Cette analyse qui déboucherait sur les découvertes freudiennes des rapports privilégiés du sexe à l'inconscient, et sur celles des criminologues italiens ne peut être développée ici.

Retenons simplement ce rôle extraordinaire de Tchong Mo dans le rétablissement d'un équilibre sexuel perturbé.

Notons que dans ses premiers travaux (*Esquisse d'une psychologie scientifique*), Freud postule que toute fonction de l'organisme n'existe que dans le seul but de diminuer une tension. Ceci est bien la fonction des merveilleux Vaisseaux.

Terminons en rappelant que l'énergie sexuelle non utilisée, sous peine de névrose, doit se sublimer en énergie psychique. Le Inn devient Yang, et nous retrouvons le principe directeur du Tao : lorsqu'un des principes atteint le sommet, il se transforme en son contraire.

Troisième partie

La science ou le fécond mariage de l'Orient et de l'Occident

CHAPITRE 9

Essais d'explications de l'acupuncture

Acupuncture, neurotransmetteurs et hormones cérébrales

La transmission de l'information au niveau du système nerveux implique la libération au niveau des synapses (c'est-à-dire des contacts entre les nerfs) de certaines substances chimiques. Les substances libérées diffèrent suivant la nature de la synapse ; on sait aujourd'hui que l'acupuncture agit en facilitant la libération de ces substances. De nombreux médicaments facilitent, ou au contraire bloquent, la diffusion de ces « médiateurs chimiques ». Ces médicaments agissant sur les neurotransmetteurs sont utilisés en anesthésie (pour combattre la douleur ou les spasmes), dans certaines maladies (comme le Parkinson) ou encore pour certaines addictions (comme le besoin de fumer du tabac). L'action de l'acupuncture recouvre également ces indications. Dans ce bref chapitre, nous montrerons comment l'acupuncture agit sur la libération des substances chimiques indispensables à la neurotransmission. Ces substances sont nombreuses et nous n'en décrirons que quelques-unes.

Sérotonine

Elle apparaît en liaison directe avec l'efficacité de l'analgésie acupuncturale. Si l'on bloque la production de sérotonine, l'acupuncture est nettement moins efficace ; par contre, l'injection de précurseurs de la sérotonine en augmente l'action.

Chez l'homme, on a montré que les drogues qui empêchent la réabsorption de la sérotonine (et donc agissent en augmentant son taux circulant) accroissent du même coup l'efficacité de l'acupuncture. Notons que de telles drogues sont actuellement utilisées pour soigner de nombreuses maladies. Ainsi, la clomipramine (vendue sous le nom d'Anafranil®) utilisée pour traiter les dépressions nerveuses augmente le taux de sérotonine et donc facilite le traitement par acupuncture.

Le médecin acupuncteur qui prend un malade en traitement doit donc absolument connaître les médicaments utilisés par son patient ; certaines médications augmentent l'efficacité de la méthode, d'autres, comme nous le verrons, rendent l'acupuncture presque inefficace.

Il est donc faux de dire qu'un traitement par acupuncture nécessite l'arrêt de toute médication. Il est par contre vrai d'affirmer qu'un traitement par acupuncture ne peut être bien appliqué que par un médecin. Lui seul connaît les drogues et est autorisé à les prescrire, lui seul est autorisé à pratiquer la microchirurgie qu'est l'implantation de toute d'aiguille, lui seul est capable d'intervenir en cas de malaise, de syncope ou d'accident plus grave.

Acétylcholine et catécholamines

Ce sont les neurotransmetteurs par excellence : les premiers découverts, ils sont aussi les mieux distribués dans l'organisme. Rares sont les fonctions qui ne sont pas sous la dépendance de ces deux substances.

De nombreuses expériences, que nous trouvons inutile de décrire dans ce volume, démontrent le rôle de l'acétylcholine et des catécholamines dans l'analgésie acupuncturale[33].

Pour seul exemple, citons le fait que la néostigmine, anticholinestérasique (qui augmente donc le taux d'acétylcholine), augmente la durée et la profondeur de l'analgésie par l'acupuncture.

Substances endogènes morphinomimétiques

La découverte des endorphines est récente. Etonnés de trouver dans le cerveau des récepteurs à la morphine, substance exogène, les chercheurs se sont demandé s'il n'y avait pas une substance similaire à la morphine, non encore connue, et qui serait libérée par le cerveau. Ces substances, dont l'effet ressemble à celui de la morphine sont dites morphinomimétiques ; on en connaît déjà une quinzaine. Comme ces substances ont une action qui est très globalement similaire à la morphine on leur a donné le nom d'endorphines.

9. Essais d'explications de l'acupuncture

On pense actuellement que la réceptivité différente de certaines personnes à la douleur serait due à un taux différent d'endorphines circulantes. Les Chinois ont montré que l'analgésie par acupuncture augmente le seuil douloureux ainsi que le taux des substances endogènes morphinomimétiques dans le cerveau, dans le liquide céphalo-rachidien et dans le sang. Si on injecte dans le cerveau une substance inhibitrice des peptidases (les substances morphinomimétiques étant des peptides leur taux augmente donc car elles ne sont plus détruites par les peptidases), comme la bacitracine, on constate non seulement l'augmentation prévue des substances morphinomimétiques mais également une augmentation de la durée de l'analgésie. La naloxone, médicament antagoniste de tous les opiacés (sans effets propres très importants) est donc inhibiteur des substances morphinométriques. Et on pourrait s'attendre à ce qu'il inhibe certains effets de l'acupuncture : c'est ce qui se produit. La Naloxone ne supprime cependant pas tous les effets de l'acupuncture puisque, nous l'avons vu, cette dernière facilite également la libération d'autres substances comme la sérotonine. Il semblerait même que le blocage (par la Naloxone) des récepteurs opiacés augmente le taux de sérotonine circulante et ainsi, lorsque l'acupuncture agit par le biais de la sérotonine l'utilisation de Naloxone augmente son effet. Il y a donc intérêt pour le médecin à connaître les médiateurs responsables de l'obtention des effets. Lorsque nos connaissances seront plus importantes, le médecin acupuncteur choisira, pour faciliter son traitement, des drogues provenant de l'arsenal classique : l'Orient et l'Occident médical seront réconciliés. On sait, par ailleurs, que l'homme s'habitue relativement vite à la morphine : il y a accoutumance et dépendance. De ceci résulte l'obligation d'augmenter les doses et aussi l'inefficacité de ces drogues après une très longue utilisation. De nombreuses expériences ont montré qu'une accoutumance s'installe également pour l'analgésie acupuncturale : après quelques heures, le seuil douloureux revient à sa valeur initiale. Par contre, il semblerait que, chez certains animaux et chez l'homme, les récepteurs morphiniques et les récepteurs aux substances morphinomimétiques libérées par l'acupuncture soient différents. Ainsi, et ceci vérifié, la portée en sera exceptionnelle, les douleurs morphino-dépendantes pourraient encore bénéficier de l'analgésie par acupuncture.

Réponses à l'acupuncture

Les variations de réponse des individus à l'acupuncture pourraient résulter de la variation de libération de sérotonine et des substances morphinomimétiques. Les mesures pratiquées montrent clairement que lorsqu'une bonne réponse apparaît, la libération de ces deux substances est importante ; par contre, en cas de mauvaise réponse, la libération de ces substances est très faible. Notons encore que le rapport entre ces substances est important et qu'ainsi une personne qui ne répond pas à l'analgésie par acupuncture peut fort bien bénéficier de l'acupuncture pour d'autres indications. Pour terminer, notons que pour obtenir une bonne analgésie, il est nécessaire que le rapport magnesium/calcium sanguin soit modifié ; la morphine, comme l'acupuncture agit sur ce rapport.

Acupuncture et psychologie

Les esprits « éclairés » refusent d'admettre l'efficacité de l'acupuncture parce qu'elle est noyée dans un jargon ésotérique et qu'elle n'apporte pas la preuve scientifique de son action.

Les meilleurs esprits lui reconnaissent, cependant, une action sur les maladies psychosomatiques...

Nous avons voulu dans ce petit volume, montrer que le jargon ésotérique provient d'une conception cosmologique de l'homme, et parfois aussi d'une traduction erronée. Cependant, pour qui veut bien considérer ce jargon comme une métalangue avec tout ce que ceci comporte d'opérationnel, l'acupuncture apparaît comme extrêmement logique.

En ce qui concerne les preuves scientifiques, elles arrivent lentement.

Pour ce qui se rapporte aux maladies psychosomatiques, si l'acupuncteur obtient de meilleurs résultats que son confrère allopathe, c'est qu'il consacre à l'entretien davantage de temps que ce dernier. Le médecin acupuncteur « fait du Balint » [34] avant l'heure !

9. Essais d'explications de l'acupuncture

Signalons simplement que s'il y a participation psychique dans la guérison (l'exacerbation de la réaction douloureuse avant la guérison, comme on la rencontre chez l'hystérique, en est peut-être une des manifestations), elle n'agit pas à titre exclusif. Pour seule preuve, signalons l'action de l'acupuncture chez les nourrissons et en médecine vétérinaire. Celle-ci est utilisée en routine, à l'Institut Vétérinaire de Pékin, chez les chevaux gravement malades et qui supportent mal l'anesthésie classique. Même les opérations les plus douloureuses (sur l'abdomen) se pratiquent sans difficultés chez l'animal. Nous voyons mal comment on pourrait conditionner les animaux avec la parole.

Acupuncture et réflexothérapie

On a proposé d'expliquer l'acupuncture par la réflexothérapie. L'acupuncture agit très certainement comme réflexothérapie et il est certains que la stimulation de certains points engendre des réflexes somatiques et viscéraux. Il n'est cependant pas possible d'expliquer toutes les manifestations de l'acupuncture par la seule réflexothérapie, comme cela ne l'est pas, non plus, par l'action des seules endorphines.

L'action de l'acupuncture est surdéterminée, c'est-à-dire que suivant les points stimulés, les mécanismes mis en jeu sont nombreux et différents.

Acupuncture et physiologie

Bien qu'il soit à l'heure actuelle encore impossible d'expliquer par des considérations purement physiologiques l'action de l'acupuncture, la connaissance de certaines données classiques est utile car les mécanismes en jeu sont vraisemblablement (du moins pour certains d'entre eux) identiques.

Nous pensons intéresser le lecteur par les deux paragraphes qui suivent : le premier explique comment la douleur d'un organe se manifeste loin de lui, et le second explique pourquoi on manipule les aiguilles en acupuncture.

La douleur rapportée

La douleur d'un organe profond est souvent ressentie sur une surface corporelle et non dans l'organe lui-même. On donne à cette douleur le nom de douleur rapportée. Cette douleur peut se manifester sur la surface de peau qui recouvre immédiatement l'organe, mais elle apparaît aussi à distance.

Ceci résulte de ce que des fibres nerveuses cutanées et des fibres nerveuses viscérales pénètrent ensemble dans la moelle épinière et s'articulent avec les mêmes neurones.

Ainsi, la stimulation des fibres viscérales et des fibres de la peau provoque au niveau de la moelle épinière une information unique vers le cerveau en empruntant les mêmes voies.

L'homme, qui connaît bien la topographie de sa peau, mais fort mal la localisation de ses organes profonds, interprète la douleur viscérale comme étant d'origine cutanée.

Notons également que l'endroit de projection de la douleur n'est pas le fruit du hasard : l'endroit de projection et l'organe source possèdent une origine embryologique identique : ils proviennent d'un même métamère (un métamère est un segment de l'embryon ; il se différencie au cours de la phase d'embryogenèse en plusieurs organes et tissus spécialisés).

Prenons l'exemple d'une douleur bien connue, celle de l'appendicite. Bien que l'appendice soit situé à droite dans la fosse iliaque, la douleur rapportée est habituellement située autour de l'ombilic. Embryologiquement, l'appendice provient d'une partie de l'intestin primitif, qui lui même se développe près de l'ombilic.

De ceci il convient de retenir deux notions importantes :

- un organe malade signale parfois sa douleur sur une partie de la peau parfois bien éloignée du point d'origine de la douleur ;
- l'organe malade et la partie de la peau douloureuse ont une même origine embryologique.

La douleur rapportée trouve donc son origine dans l'embryogenèse.

Les points d'acupuncture actifs sur certains organes trouvent également leur origine dans une même embryogenèse : ceci explique peut-être leur action réflexogène.

L'étude des rapports entre l'embryogenèse et l'acupuncture mériterait un petit ouvrage ; la place nous manque pour en discuter ici.

L'électricité cellulaire

Toute cellule est positive à l'extérieur et négative à l'intérieur ; comme le Yang est en haut et le Inn en bas.

Les liquides contenus à l'intérieur des cellules (dits liquides intracellulaires) et les liquides qui baignent les cellules (dits liquides extracellulaires) sont de composition chimique fort différente.

Cette différence, constante pour toutes les cellules, porte essentiellement sur trois ions : le sodium (Na+), le potassium (K+), et le chlore (Cl-). Les deux premiers sont des ions positifs et le dernier est un ion négatif (cation).

Le schéma suivant est valable pour toutes les cellules :

- Milieu extracellulaire (en mEq) : Na+ : 142 ; K+ : 5 ; Cl- : 103.
- Milieu intra-cellulaire (en mEq) : Na+ : 10 ; K+ : 141 ; Cl- : 4.

On explique cette différence par une consommation importante de certaines substances dès leur pénétration dans la cellule et aussi par une sélectivité dans le transport des substances à travers la membrane cellulaire. Certaines substances sont transportées activement d'un côté à l'autre de la cellule et ceci indépendamment de la concentration.

Pour exemple, citons la pompe sodium-potassium. Un transport actif des ions sodium d'un côté est contrebalancé par un transport actif des ions potassium de l'autre côté : les ions sodium sont pompés d'un côté de la membrane et les ions potassium de l'autre. Ceci assure une différence significative dans les concentrations ioniques car l'on sait que de tels mécanismes existent également pour de nombreuses substances (comme l'oxygène et le glucose) ; on comprend ainsi que le milieu intracellulaire et le milieu extracellulaires soient différents.

Cette propriété quasi-magique de la membrane cellulaire est responsable de la différence d'électricité qui se manifeste entre la surface et la profondeur de la cellule (potentiel électrique). La surface d'une cellule est toujours positive et l'intérieur est toujours négatif. Ceci est vrai pour toutes les cellules de l'organisme.

Cette **différence de potentiel électrique** explique la plupart des manifestations nécessaires à la vie. Sans elle le muscle ne pourrait se contracter, l'influx nerveux ne pourrait circuler et... l'énergie dans les Méridiens serait bloquée !

Pour la clarté, choisissons un exemple bien connu. La fibre nerveuse, comme toute cellule (il s'agit, en effet d'une cellule, mais qui est parfois fort longue) possède, au repos, une différence de potentiel. On l'a mesurée : elle est de 85 millivolts et on lui a donné un nom, c'est le **potentiel de membrane**.

Si pour une quelconque raison une partie de la fibre devient subitement perméable à tous les ions et il y aura un rapide passage d'ions sodium vers l'intérieur et celui-ci deviendrait, pour un bref instant, positif par rapport à l'extérieur qui serait négatif : la membrane serait **dépolarisée**.

Pour différentes raisons, que nous n'exposerons pas, cette dépolarisation s'étend horizontalement des deux côtés de la fibre, ce qui rend les régions adjacentes perméables au sodium. Il s'en suit une nouvelle dépolarisation et, de proche en proche, la première dépolarisation s'étend à toute la fibre : le courant électrique circule.

La zone dépolarisée ne le reste pas. Du fait de la pompe sodium-potassium, elle retrouve immédiatement sa polarisation. Par contre, l'influx nerveux s'est propagé à tout le nerf.

Pour provoquer la dépolarisation initiale, pour rendre donc un court instant une région de la membrane cellulaire perméable, plusieurs moyens peuvent être utilisés: substances chimiques, décharges électriques, contact avec le froid, pression, traumatisme...

Lorsqu'on pique un point d'acupuncture on y provoque un léger traumatisme, une dépolarisation locale qui s'étendra sur tout le Méridien.

On comprend ainsi qu'outre l'aiguille classique, le médecin utilise parfois le courant électrique, la chaleur, des substances chimiques et même parfois la simple pression, comme dans l'acupressing.

Cependant, nous l'avons vu, très rapidement, au point d'action, l'équilibre se rétablit et il est donc nécessaire, pour provoquer une nouvelle dépolarisation, d'agir à nouveau : c'est exactement ce que fait l'acupuncteur en stimulant les aiguilles ou en envoyant un courant électrique modulé.

Pour l'acupressing, également, il est nécessaire de presser le point plusieurs fois de suite, à intervalles réguliers.

Les expériences de Becker

Becker, médecin américain, spécialiste des greffes cutanées, a démontré (sans le vouloir) plusieurs énigmes de l'acupuncture.

Travaillant sur la salamandre, animal qui, comme on le sait, est capable de régénérer complètement un membre sectionné, il a démontré :

- l'existence des Méridiens curieux Jenn Mo et Tou Mo ;
- l'effet réel de la « puncture à l'opposé » ;
- l'effet des champs magnétiques.

Les expériences de Becker, les travaux du technicien bordelais Prioré [35], les recherches américaines sur les greffes osseuses, ressuscitent l'électrobiologie. Celle-ci étant le substrat scientifique de l'acupuncture, il nous semble intéressant d'analyser ces travaux.

Les Méridiens Jenn Mo et Tou Mo

Ces deux Méridiens curieux, nous l'avons vu, courent médianement sur la face antérieure et postérieure du corps.

Étudiant les différences de potentiel électrique de la peau dans le cadre de son étude sur les greffes cutanées, Becker a montré qu'il existe sur la face ventrale de la salamandre une ligne de courant négatif ; une ligne identique, mais de courant positif, cette fois, existe sur le dos.

Ces deux lignes correspondent aux deux Méridiens décrits par la tradition chinoise comme mer des Inn (Jenn Mo, négatif) et mer des Yang (Tou Mo, positif).

La puncture à l'opposé

Pour régulariser l'énergie (et donc rétablir la santé), l'acupuncteur stimule souvent le Méridien du membre opposé. Cette puncture à l'opposé est suggérée dans les ouvrages classiques, mais rien ne permettait encore de l'expliquer.

Becker a montré que, si l'on sectionne le nerf d'une patte de salamandre, le potentiel électrique à son extrémité baisse, ce qui est normal ; mais il baisse davantage encore au niveau de l'extrémité de la patte opposée, ce qui est plus étrange. On a suggéré qu'il s'agissait d'une simple réaction biologique, mais les expériences sur des modèles artificiels prouvent qu'il s'agit d'une réaction de couplage électrique.

En acupuncture, ce couplage est réalisé grâce à l'existence des vaisseaux de jonction, les vaisseaux anastomotiques Lo.

Cette expérience, qui explique la tradition chinoise, permet également de comprendre l'origine des douleurs qui siègent du côté opposé à la lésion.

L'effet des champs magnétiques

Si l'on sectionne la patte d'une grenouille, le phénomène de régénération observé chez les salamandres ne se reproduit pas. Pourquoi ?

Becker a montré que les potentiels électriques dégagés au niveau de l'amputation sont différents chez les deux espèces.

En appliquant un potentiel semblable à celui de la salamandre au moignon d'amputation d'une grenouille, il est parvenu à provoquer la repousse complète de la patte.

Cette régénération provoquée, la première dans l'histoire du monde, est due uniquement à une modification du potentiel électrique ; donc à une nouvelle distribution de l'énergie circulante. C'est cette distribution de l'énergie, source de la vie, qui est postulée depuis 5000 ans par les Chinois.

9. Essais d'explications de l'acupuncture

L'électromagnétisme et l'électrobiologie

L'électromagnétisme n'est pas un inconnu à nos lecteurs ; nous avons insisté sur l'énergie qui circule dans les Méridiens et sur le dipôle Inn-Yang ; nous avons expliqué comment en provoquant une dépolarisation l'aiguille provoque la circulation de cette énergie, nous avons montré l'usage qui est fait des courants électriques en acupuncture, etc.

Les différentes charges de courant (les niveaux d'énergie Inn et Yang) induisent des phénomènes électromagnétiques. Ceux-ci circulent suivant des lignes de force. Ces lignes de force sont, très vraisemblablement, les Méridiens, et l'électromagnétisme, l'énergie. Nous avons discuté dans le chapitre consacré à l'acupressing des perturbations quotidiennes provoquées par l'électromagnétisme, et l'action magnétique des planètes a été discutée dans le paragraphe consacré à la chronobiologie.

Actuellement, les médecins redécouvrent les vertus des ondes magnétiques. Plusieurs centaines de malades dans le monde ont bénéficié du traitement mis au point par le Docteur Bassett. Ce traitement, utilisé pour la première fois à New York, est aujourd'hui testé (avec grand succès) dans les universités anglaises, françaises, belges, italiennes, etc.

Ce traitement, très simple, consiste à soumettre des fractures osseuses à l'action de champs électromagnétiques spécifiques. Certains malades qui présentaient des fractures infectées et que l'on ne parvenait pas à consolider, même au prix de nombreuses opérations (parfois même l'amputation était envisagée), ont guéri en moins d'un mois, par la seule action d'un champ électromagnétique circulant à travers le plâtre.

Les courants électriques pulsés utilisés pour consolider les fractures sont produits par d'assez grosses machines. D'autres expériences (dont il nous est impossible de donner le détail, ici) démontrent que de très petits appareils portatifs donnent des résultats identiques.

Actuellement, grâce à ces courants pulsés, quelques médecins, de par le monde, soignent les ulcères de jambe, font croître les plantes, guérissent les gangrènes, etc.

Toutes ces guérisons, et nous insistons, sont produites par la simple circulation d'ondes électromagnétiques... Cette action est postulée depuis des millénaires par les médecins chinois.

Le Docteur Bassett, spécialiste de la méthode, écrit : « En somme, nous sommes en train d'apprendre à parler le langage électrique des cellules. Nous pouvons d'ores et déjà, en variant la nature du courant utilisé, obtenir que les cellules fabriquent du cartilage plutôt que de l'os, du muscle plutôt que des tendons et inversément. » (cité par le Docteur Escoffier-Lambiotte dans l'article *Résurrection de l'électrobiologie*, Le Monde du 20 février 1980).

Ce langage électrique que nous apprenons à parler, d'autres l'utilisent régulièrement sous la dénomination Inn-Yang !

Chapitre 10
Acupuncture et sciences étrangères

L'Occident et les points

Nous avons déjà longuement discuté de l'influence de la pulsologie chinoise en Europe. Signalons simplement que de très nombreux travaux scientifiques ont lieu dans plusieurs laboratoires dans le monde : les travaux les plus récents confirment les données traditionnelles chinoises.

Les points d'acupuncture sont-ils chinois ?

À la question ainsi posée nous répondons immédiatement : *oui*, mais ils ne le sont pas exclusivement.

Si, comme le pensent certains, l'acupuncture est née de l'observation des malades, il paraîtrait normal que d'autres civilisations soient parvenues, elles aussi, à individualiser des points particuliers sur la peau.

Et, en effet, la médecine occidentale, qu'elle soit allopathique ou homéopathique, connaît des points particuliers du revêtement cutané.

L'étude des nombreuses localisations privilégiées du tissu cutané demanderait, à elle seule, un gros volume ; contentons-nous de décrire brièvement les points les plus utilisés, en nous souvenant que même les sciences divinatoires décrivent des endroits particuliers pour l'apparition des grains de beauté !

Au XIXe siècle, le Docteur **Weihe**, médecin allemand, constate que lors de certains symptômes, connus en homéopathie, on découvre au niveau de peau des points qui se montrent douloureux au toucher. Il consacre alors une partie de son temps à dresser un tableau de concordance entre ces points et les drogues homéopathiques.

Sur les 195 points décrits par lui sur la tête et le tronc, 132 se superposent aux points chinois ; 32 points, dont la concordance n'est pas stricte, sont cependant disposés sur le trajet d'un Méridien. Quarante-huit points, seulement, n'ont aucune correspondance.

En médecine allopathique, on connaît et on recherche les endroits du corps qui sont douloureux, soit spontanément soit à la pression, lors de maladies ou d'inflammations. Ainsi, les **points de Valleix**, douloureux lors des névralgies se superposent, eux aussi, aux points d'acupuncture.

Le médecin occidental utilise également les **zones de Head**. En 1893, le Docteur Head montre que certaines affections thoraciques ou abdominales produisent une hypersthésie cutanée à topographie bien précise. Les douleurs cardiaques (comme, par exemple, l'infarctus) se projettent dans tout le bras gauche ; les douleurs d'appendicite donnent une hyperesthésie d'une région bien limitée de la fosse iliaque droite, etc.

Le mérite de Head fut de montrer que la présence d'une hyperesthésie dans l'une des zones décrites par lui indiquait l'existence d'une lésion de l'organe correspondant, même en l'absence d'autres signes cliniques.

De nombreuses analogies apparaissent entre les points d'acupuncture et les zones de Head. Les points de Weihe, de Valleix et les zones de Head sont bien connus de tous les médecins occidentaux ; il existe cependant de nombreux points décrits par d'autres médecins mais qui sont moins connus (points de Wetterwald, points de Martinet, zone de Hirata, etc.). Certains de ces points possèdent également une correspondance avec les points décrits en acupuncture.

Par ailleurs, dans le petit chapitre consacré aux arts martiaux, nous montrerons que les **Atemi** et les **Kuatsu** sont également connus en acupuncture.

Il nous faut donc admettre que si les Chinois ont été les seuls à développer un véritable système basé sur la stimulation de points spécifiques disséminés sur le corps, l'existence de ceux-ci n'a pas pour autant échappé, en Occident, à de nombreux médecins attentifs.

L'expérimentation en acupuncture

De très nombreuses recherches sont actuellement effectuées en Chine suivant les techniques occidentales les plus modernes. Nous prendrons comme exemple l'infarctus du myocarde car les causes et les effets en sont bien connus de nos lecteurs.

Les médecins chinois ont ligaturé l'artère coronaire gauche du cœur chez de nombreux chiens et ont étudié l'effet de cette ligature sur la circulation lorsque l'animal est soumis à l'acupuncture.

Bien entendu, la ligature provoque toujours un infarctus mais, et c'est ce qui nous intéresse, si l'on stimule un point spécifique (le 6 du Maître du Cœur), l'infarctus est moins important.

Quinze minutes après avoir ligaturé l'artère, l'expérimentateur stimule le point durant dix minutes. La stimulation est répétée cinq fois avec un intervalle de trente minutes. Ensuite, le chien est sacrifié, le cœur est coloré, pesé et analysé au microscope. Celle-ci nous révèle que :

- l'étendue de l'infarctus est moins grande ;
- le poids de la nécrose par rapport au cœur est moindre ;
- l'examen anatomopathologique montre une diminution de la zone nécrosée.

Ainsi, l'effet de l'acupuncture sur une maladie bien connue est prouvé expérimentalement. Il reste maintenant aux laboratoires occidentaux à reprendre cette expérience (et de nombreuses autres…) et à confronter les résultats avec ceux obtenus en Chine.

Notons, pour terminer, que la puncture d'autres points que le MC6 ne donne pas les mêmes effets sur la nécrose. La spécificité des points est ainsi prouvée, elle aussi.

La seule explication de la libération des neurotransmetteurs est donc insuffisante pour expliquer les multiples effets de l'acupuncture. Les groupes de points libèrent-ils des substances différentes, non encore connues, la réponse appartient à l'avenir et aux médecins de tous les continents.

L'anesthésie par acupuncture

L'acupuncture supprime ou atténue la douleur (rôle thérapeutique), elle empêche la douleur de s'installer (rôle prophylactique) ; ne serait-elle pas, dès lors, capable d'empêcher la douleur d'apparaître ? C'est la réponse à cette question qui a mené les médecins chinois à découvrir son rôle anesthésique.

Cette découverte fut faite dans les années soixante, mais il fallut attendre plusieurs centaines d'expériences et la reprise des rapports amicaux franco-chinois pour que pour la première fois, en 1972, un groupe de médecins se rende en Chine pour assister à ces prodigieuses opérations (quelques médecins américains avaient déjà vu de semblables opérations, en 1971).

Signalons, simplement qu'actuellement l'anesthésie par acupuncture est utilisée aussi bien en médecine humaine (adultes et enfants) qu'en médecine vétérinaire.

Le terme d'anesthésie est mal choisi et il serait plus correct de parler d'analgésie, car le patient ne présente pas toutes les manifestations classiques de l'anesthésie (il reste conscient, n'a pas de relâchement musculaire, etc).

Les médecins chinois utilisent, actuellement, principalement les points de l'oreille et quatre points classiques. La stimulation étant produite par électricité.

Les points classiques les plus utilisés sont :

Le 5 du Triple Réchauffeur

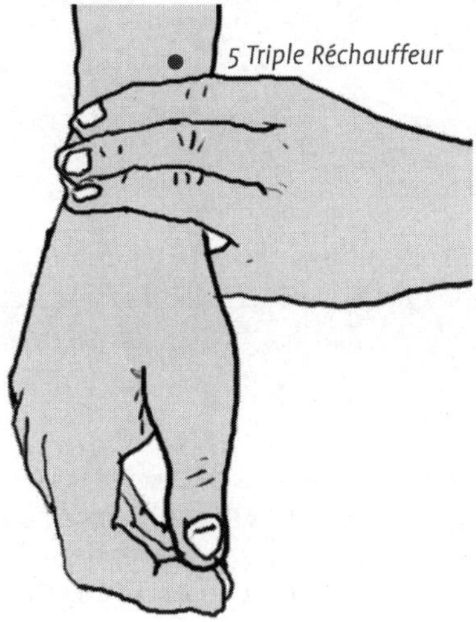

Le 6 du Maître du Cœur

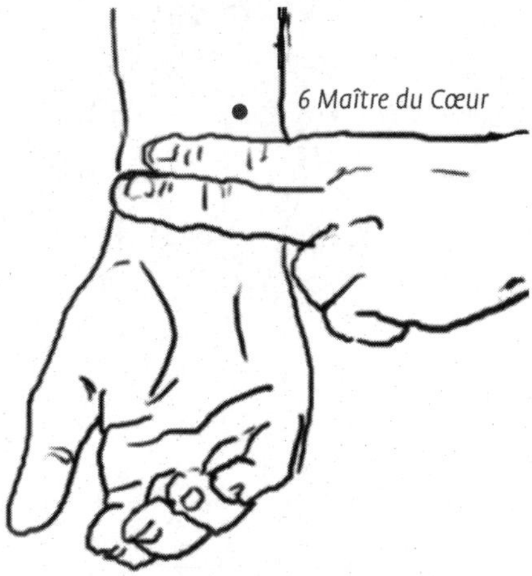

Le 36 du Méridien de l'Estomac

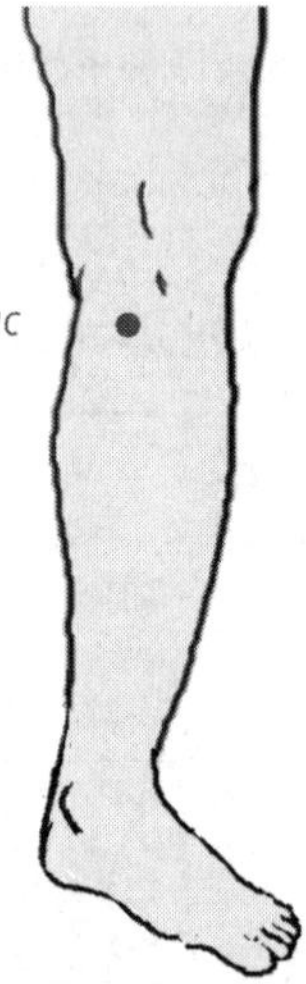

Le 4 du Gros Intestin

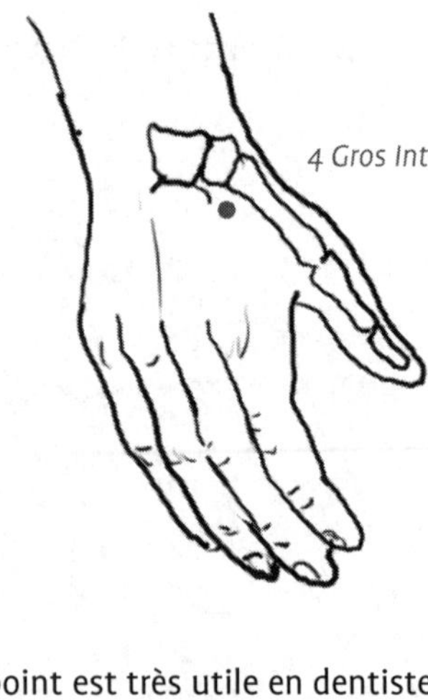

Notons que ce dernier point est très utile en dentisterie !

Indications de cette analgésie

Actuellement, la médecine occidentale maîtrise parfaitement l'anesthésie et il est bien entendu que celle-ci, par les nombreux avantages qu'elle procure, restera la principale auxiliaire du chirurgien. Cependant, dans quelques cas, il serait préférable d'utiliser une méthode plus douce.

Ceci est vrai pour les malades cardiaques ou âgés qui supportent parfois très mal l'anesthésie ; ceci l'est également lorsque l'anesthésie n'est nécessaire que durant une très courte période. Ainsi, certains troubles graves du rythme cardiaque ne peuvent être arrêtés que par une rapide, mais importante, décharge électrique. Dans ces cas, il faudrait préférer l'acupuncture à l'anesthésie classique. Cette décharge peut également se pratiquer sans anesthésie, mais la douleur est extrêmement vive ; sous acupuncture elle serait plus supportable.

Dans d'autres cas, il est utile de pouvoir communiquer avec le patient durant l'opération ; ceci est vrai dans les opérations sur la thyroïde où le risque de léser le nerf récurrent (nerf des cordes vocales) est toujours présent. L'analgésie par acupuncture permet, et elle seule, de savoir en cours d'opération si le chirurgien touche le nerf.

Dans certains pays en voie de développement les anesthésiques sont rares et très chers et il est fréquent de pratiquer certaines opérations sans anesthésie du tout. En plusieurs circonstances, durant notre séjour en Afrique, nous aurions bien aimé maîtriser cette analgésie.

Le rôle du chirurgien

L'anesthésiste et le chirurgien forment une équipe et le second doit s'habituer à cette forme particulière d'analgésie : le patient est pleinement participant.

Ses gestes doivent être plus doux, il doit connaître les tissus qui sont difficiles à endormir. Ainsi, le périoste (la membrane qui entoure l'os) et les mésos (les membranes qui entourent les viscères, et forment plusieurs feuillets) sont particulièrement difficiles à analgésier ; le chirurgien doit donc apprendre à éviter toute traction sur ces mesos. De plus, il ne doit exercer aucune pression sur le corps du patient. Ceux qui ont assisté aux opérations ainsi pratiquées ont comparé les gestes du chirurgien à ceux des « brodeuses ».

Avantages de l’analgésie par acupuncture

En dehors des avantages déjà signalés plus haut (voyez le paragraphe consacré aux indications), il faut encore signaler que l’hémostase est meilleure (le malade saigne moins) de même que la cicatrisation des plaies.

Le patient récupère également beaucoup plus vite qu’après une opération sous anesthésie classique : les fonctions digestives ne sont pas perturbées et il peut boire et manger immédiatement après l’opération (parfois même pendant !).

Les douleurs post-opératoires, cauchemars de nombreux opérés, sont quasi inexistantes. Les risques et les suites opératoires sont donc moindres qu’avec l’anesthésie classique.

Inconvénients de l’analgésie opératoire

Les patients anxieux n’en bénéficieront jamais car elle ne supprime pas l’angoisse et le malade est spectateur passif de toute l’opération[36].

Certaines régions sont, nous l’avons vu, difficiles à analgésier et le malade n’est jamais totalement à l’abri de la douleur.

Les réflexes sympathiques ne sont pas, non plus, supprimés. Ainsi des manifestations nauséeuses ou des troubles du rythme cardiaque peuvent se produire.

De tout ceci il faut retenir que l’analgésie par acupuncture ne peut se pratiquer, pour les opérations importantes, que s’il est possible, à tout moment, d’en donner le relais à un anesthésiste formé aux méthodes classiques.

10. Acupuncture et sciences étrangères

Essais d'explication

De nombreuses hypothèses explicatives ont été proposées dont plusieurs se basent sur de solides expériences. Celles-ci peuvent se réduire à trois groupes : théorie du Méridien, théorie nerveuse et théorie des « fluides ».

Pour les adeptes de la théorie des Méridiens, la stimulation de certains points cutanés modifierait la circulation de l'énergie et rendrait la zone, ou l'organe, insensible. C'est la théorie classique de l'acupuncture.

La théorie nerveuse, dont on parle de moins en moins, postule que la stimulation de certains points bloquerait les influx nerveux au niveau cérébral et donc empêcherait la douleur.

La théorie des « fluides », celle qui, il y a quelques années semblait la plus fantaisiste trouve aujourd'hui confirmation par la découverte des endorphines. Nous renvoyons le lecteur au chapitre consacré à ce sujet.

Cette théorie des « fluides » a été établie à la suite d'expériences menées à l'Université de Pékin sur des chiens. Si trois chiens, de même groupe sanguin, ont leurs circulations sanguines reliées et que l'on stimule les points d'analgésie chez le premier chien, l'analgésie se produit également chez le troisième que l'on peut opérer. Cette expérience, dont plusieurs ont douté, trouve confirmation par la libération et la circulation des endorphines.

Notons pour terminer que les médecins chinois vérifiaient dans les premiers temps la « réceptivité » du sujet à l'acupuncture en le soumettant à un test d'analgésie. Ils ont ensuite, sans explication arrêté ce test de réceptivité. Suivant certains observateurs, les malades qui auraient subi le test se montraient moins sensibles le lendemain. Ceci cadre bien avec ce que nous savons de l'accoutumance aux endorphines.

Actuellement, on utilise le « Tchi » mais en le recherchant dans un autre territoire que celui de l'analgésie.

CHAPITRE 11

Acupuncture et auriculothérapie

L'auriculothérapie

L'auriculothérapie fait partie intégrante de l'acupuncture. Dans les ouvrages classiques, il est dit : « les oreilles sont des endroits où confluent tous les Méridiens ». Dans les familles chinoises, il était de tradition d'agir sur certains points de l'oreille pour guérir les troubles intestinaux de l'enfant.

En dehors de la Chine, on connaissait également les possibilités thérapeutiques de l'oreille. Hippocrate signale que certains troubles sexuels peuvent être guéris par une saignée derrière l'oreille. Valsava, célèbre anatomiste italien du XVIIe siècle, connu pour ses travaux sur le cœur et les oreilles, recommandait de cautériser certaines régions de l'oreille pour guérir les douleurs dentaires. Il était connu qu'un jet de chlorure d'éthyle sur l'oreille pouvait stopper une crise d'asthme. En France, depuis le XIXe siècle, de nombreux médecins et guérisseurs traitaient la sciatique par cautérisation de points de l'oreille.

Le plus célèbre guérisseur était une femme : Madame Barrin. Le Docteur Nogier, dont nous parlerons plus loin, lui rend plusieurs fois hommage dans son ouvrage *L'homme dans l'oreille* et nous lui empruntons le passage suivant : « Cette personne était originaire de Marseille. Son père lui avait confié le secret de la cautérisation, l'ayant lui-même reçu d'un mandarin chinois, en échange de son aimable accueil. La guérison était obtenue en brûlant la partie supérieure du pavillon à l'aide d'une pointe de feu (...). Une des guérisons les plus spectaculaires est celle qu'elle obtint sur la personne de Ninon Vallin. La célèbre cantatrice la fait demander un jour, dans sa propriété, non loin de Lyon : elle y est alitée depuis plusieurs jours déjà. Madame Barrin accepte de la soigner, à condition que la consultation soit donnée devant les notoriétés médicales qui s'étaient penchées précédemment sur son cas. La demande est osée, mais entendue, et c'est devant ces témoins que la guérisseuse opère sur la cantatrice... En quelques instants, celle-ci, soulagée, peut se lever. » (Nogier, 65-26).

La découverte chez plusieurs de ses patients de la cautérisation de Madame Barrin incite le Docteur Nogier à se pencher sur l'oreille comme moyen de traitement, avec le succès que l'on sait. Les découvertes de Nogier, publiées pour la première fois dans une revue allemande pénètrent en Chine au moment où Mao Tse Toung incite les médecins chinois à réétudier l'acupuncture. C'est ainsi que ses travaux, expérimentés en Chine, sont revenus en France.

Le plus grand apport de Paul Nogier est sa cartographie de l'oreille ; le premier, il mit en évidence la similitude entre l'oreille et l'embryon. Fort de cette analogie il répertoria les points de l'oreille et leur assigna un rôle logique.

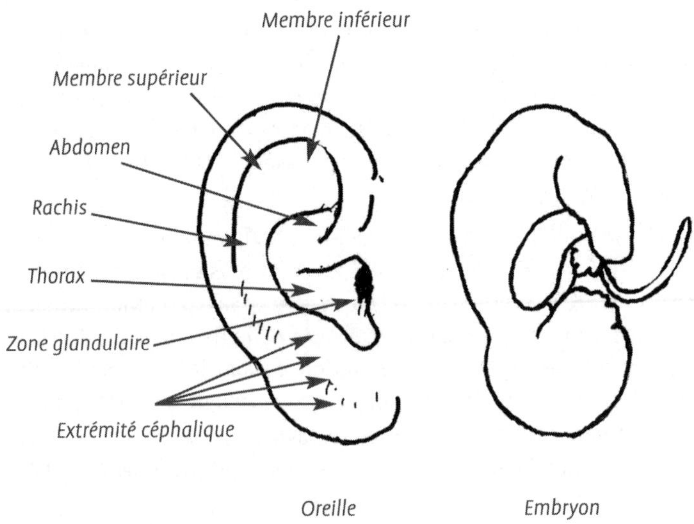

11. Acupuncture et auriculothérapie

Modifiée, remaniée, complétée en Europe, en Chine, aux États-Unis, cette cartographie est aujourd'hui universellement employée. Malheureusement, la nomenclature numérique des points diffère suivant les écoles...

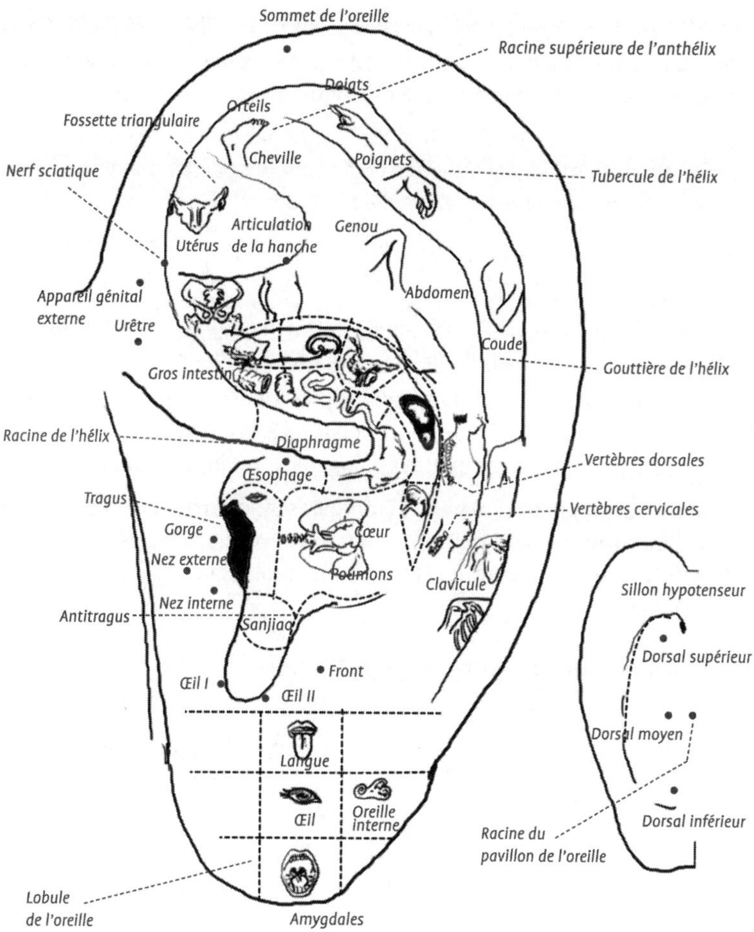

L'oreille dans l'art

Jérôme Bosch, peintre flamand du XVe siècle, dont l'œuvre ignorée durant quatre siècles fut seulement redécouverte à la fin du XIXe, connaissait vraisemblablement le pouvoir de l'auriculothérapie.

Outre ses propres fantasmes (dont l'exégèse est loin d'être épuisée), Bosch reproduit dans son œuvre de nombreux symboles ésotériques dont l'origine est plus que probablement alchimique.

La confrontation de son œuvre avec les connaissances récentes portant sur le symbolisme, l'alchimie, les traditions populaires, ouvre de vastes champs à l'investigation intellectuelle.

La surprise, pour nous, est de trouver dans un tableau célèbre, *Le jardin des délices*, une curieuse paire d'oreilles transpercées par une flèche.

L'imagination ne manquera pas au lecteur pour trouver la clé symbolique de cette paire d'oreilles prolongée par une lance dressée.

Et ce qui étaye encore davantage l'interprétation de ce fragment, c'est la localisation du point traversé par la flèche : il s'agit du point de l'utérus et la stimulation de ce point peut régulariser les troubles du désir sexuel.

Le hasard a-t-il guidé la main de Jérôme Bosch, celui-ci était-il en possession d'un savoir aujourd'hui seulement retrouvé, l'inconscient a-t-il guidé deux fois la main du peintre ? Nous ne le saurons sans doute jamais.

Localisation des points dans l'oreille

Nous l'avons dit, la cartographie de l'oreille est toute récente et de nombreux points ne sont pas encore localisés. Grobglas et Levy, dans leur *Traité d'auriculothérapie*, répertorient 116 points sur la face antérieure et 41 points sur la face postérieure de l'oreille. Celui qui n'a jamais bien observé une oreille se demande comment reconnaître plus de 150 points sur une aussi petite surface : c'est ignorer les nombreux reliefs de l'oreille qui rendent le repérage relativement aisé.

11. Acupuncture et auriculothérapie

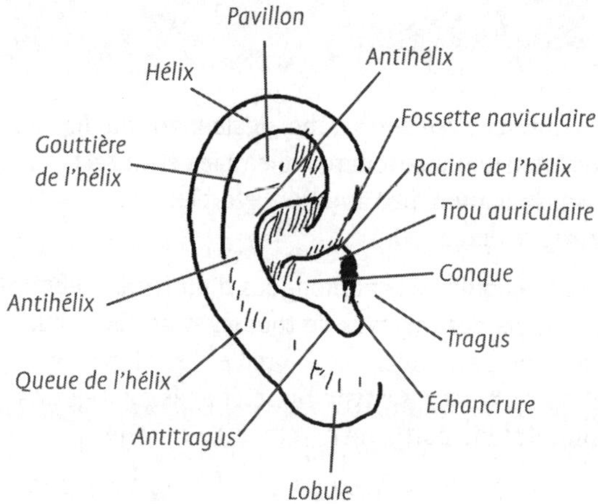

D'autre part, il est également possible de localiser les points grâce au détecteur électrique. Celui-ci nous donne même davantage de renseignements qu'en acupuncture corporelle. Contrairement à ce qui se produit lorsqu'on balade le crayon électrique sur le corps, les points auriculaires ne sont présents qu'en cas d'altération de l'organe ou de la fonction. Notons cependant que certains points sont toujours effectifs et peuvent servir de repère.

La présence d'un point apparaissant en cas de maladie fait de l'auriculothérapie une méthode de diagnostic ; ce diagnostic est cependant uniquement topographique et non étiologique.

L'impédance (c'est-à-dire la résistance pour les courants alternatifs) de la peau est normalement comprise, pour l'oreille, entre 300 000 et 1 000 000 d'Ohms. En cas de maladie, l'impédance du point auriculaire correspondant chute à 20 ou 30 000 ohms. La détection d'un point est donc signe de souffrance d'un organe.

Il est également possible de rechercher les points de l'oreille sans matériel électrique : il suffit de balader un stylet et de rechercher l'endroit sensible ou douloureux.

Les altérations de l'oreille

Le médecin consciencieux recherche également au niveau de l'oreille l'éventuelle existence d'une anomalie, d'une petite tache, d'une excroissance, d'une modification de coloration, etc. ; ces particularités de l'oreille peuvent orienter le diagnostic.

Ainsi, en 1974, une équipe de cardiologues d'un célèbre hôpital américain, découvre chez 50 % des malades de tous âges atteints d'un infarctus du myocarde, un sillon particulier dans l'oreille. Ce sillon serait apparu avant l'infarctus et sa recherche systématique chez les patients à haut risque cardiaque pourrait faire partie de l'examen de routine.

Notons que la plupart des cardiologues de l'équipe ne connaissaient rien de l'acupuncture et pourtant le sillon qu'ils décrivent part de la région qui représente le cœur dans l'oreille. Coïncidence ?

Les techniques

Outre le traitement classique par les aiguilles, reliées ou non à un stimulateur, il est encore possible d'injecter différentes drogues dans les points, d'agir par moxibustion ou de laisser des aiguilles à demeure.

Ces dernières sont laissées durant une période qui s'étend de un jour à plusieurs semaines. Il s'agit soit d'aiguilles chinoises en forme de punaise et que l'on maintient (difficilement) à l'aide d'un sparadrap, soit encore d'aiguilles allemandes en forme de harpon qui pénètrent fort bien et peuvent être laissées en place plusieurs semaines sans inconvénient.

Certains acupuncteurs ont également essayé d'introduire des fils dans le cartilage de l'oreille ; ceci est dangereux, car cette région n'étant pas vascularisée il y a danger d'infection et même de nécrose.

Les aiguilles à demeure sont principalement utilisées pour traiter les intoxications. D'abord essayées à Hong Kong pour soigner les morphinomanes, les implantations ont été introduites en Europe pour désintoxiquer les fumeurs. Les résultats, diversement appréciés sont peu constants et il est nécessaire d'agir durant plusieurs séances, en dehors des intersaisons, et de préférence en hiver. Un gros fumeur n'obtenant pas de résultat avec les techniques classiques (cognitivo-comportementales, substituts nicotiniques, bupropion) a donc intérêt à l'essayer. Notons que les meilleurs résultats sont obtenus en stimulant au cours d'une même séance les points auriculaires et certains points du Méridien de la Rate (aux pieds). L'apparition d'un goût métallique en bouche est d'un bon pronostic.

Les meilleurs résultats sont obtenus chez les gros fumeurs, véritablement intoxiqués à la nicotine.

Auriculopressing

Il est possible d'agir sur les points de l'oreille par de petites pressions répétées. L'oreille se prête facilement à diverses manipulations : pincement, massage, grattage, percussion avec un coton tige, etc.

Ce que nous avons dit au sujet des contre-indications de l'acupressing reste valable ici également.

Insistons tout particulièrement sur la propreté de l'oreille ; une oreille couverte d'eczéma ou infectée ne doit pas être traitée. Il est nécessaire, par ailleurs, de bien désinfecter la peau avant d'agir : un microtraumatisme, porte ouverte aux microbes, est toujours possible.

Remarquons — nous avons déjà insisté sur ce point — qu'il n'existe pas d'incompatibilité entre médecine allopathique et acupuncture (ou acupressing) ; souvent, même, il y a complémentarité.

Quelques points utilisés en auriculothérapie

Traitement des allergies

En présence d'une allergie, il convient d'en rechercher les causes. Parfois évidentes (repas de moules, par exemple), ces causes sont souvent obscures et il convient alors de se livrer à une véritable enquête policière... Aujourd'hui, les coupables sont malheureusement très nombreux !

L'allergie est, parfois aussi, d'origine psychogène (nervosité) et les points d'acupressing calmants doivent également être utilisés.

Situation du point : petite partie du tragus.

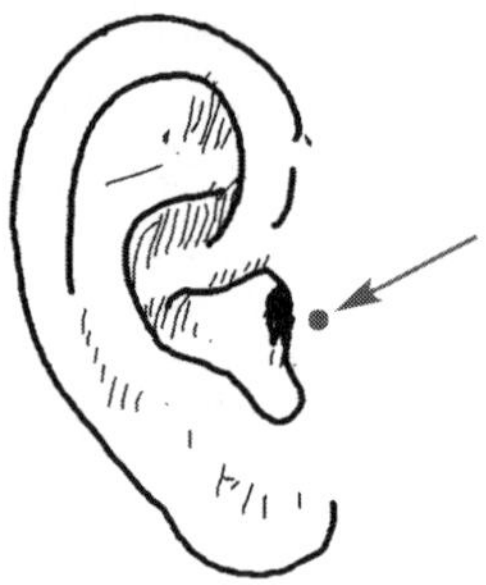

Désintoxication tabagique

Une véritable désintoxication tabagique nécessite une prise en charge physique et psychique. Nous avons déjà discuté des vertus de l'acupuncture pour supprimer le besoin.

Avant de prendre une cigarette le lecteur stimulera le point décrit durant quelques secondes... l'envie de fumer lui passera peut-être !

Situation du point : jambe de l'hélix.

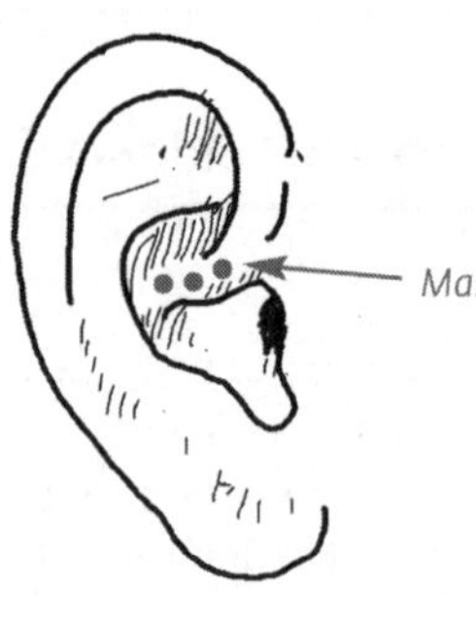

Douleurs dentaires

Ce point est à rajouter à celui que nous avons décrit en acupressing corporel. Si l'acupressing est incapable de supprimer les douleurs d'un abcès dentaire, les névralgies dentaires seront aisément soulagées.

Situation du point : pointe du lobule.

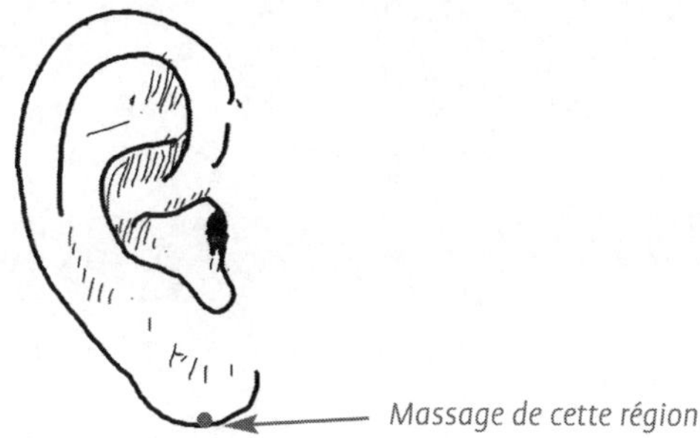

Douleurs d'oreille

Le point décrit est le point 20 du Méridien de l'Intestin Grêle. La stimulation de ce point calme les douleurs d'otite ou les douleurs réflexes, au niveau de l'oreille, en cas d'angine, par exemple.

Situation du point Ting Kong (20 IG) : au milieu du lobule de l'oreille.

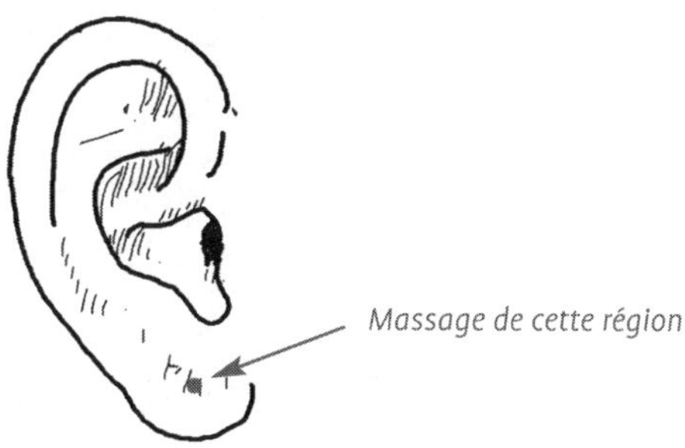

CHAPITRE 12

Acupuncture et arts martiaux

Les arts martiaux, bien que venant du Japon, tirent leur origine et leur philosophie de la Chine et des Indes.

La légende prétend qu'un sage (un médecin), se promenant l'hiver dans la campagne vit un arbre énorme, surchargé de neige, et dont les branches, brisées sous le poids, gisaient lamentablement au sol. Plus loin, il vit un sapin, chargé, lui aussi, de neige, mais dont les fragiles branches, loin de se rompre, pliaient gracieusement sous le poids, se débarrassaient de la neige et reprenaient leur position primitive dans un vif mouvement de satisfaction.

Très impressionné par cette leçon de la nature (qui inspira également La Fontaine dans *Le Chêne* et *le Roseau),* il se retira pour méditer, et de ses méditations naquit le « Jiu-Jitsu », ou principe de souplesse. Cette leçon de la nature adaptée à l'homme consiste, lors d'un combat, à ne pas s'opposer à un adversaire trop fort par la force, mais au contraire, par la souplesse, en se pliant puis en se redressant.

Le Jiu-Jitsu ne comprenait pas seulement de nombreuses techniques de lutte mais également les nombreux points d'acupuncture qui pouvaient intéresser le combattant. Ces **points Atemi** (ou mieux, zones) servaient à tuer ou à immobiliser l'adversaire (Atemi : coup porté « Ate », sur le corps « Mi »). Leur action pouvait être immédiate ou se manifester seulement après plusieurs heures.

D'autres points servaient, au contraire, à réanimer un adversaire évanoui, à supprimer la douleur ou encore à arrêter une hémorragie.

Ces points à visée thérapeutique, de réanimation, sont connus sous le nom de **Kuatsu** (Kua = vie et Tsu = technique).

Les Atemis, comme les Kuatsu, étaient des points qui se transmettaient à l'intérieur d'une même famille. Les Atemis, « bottes secrètes » des samouraïs, étaient jalousement gardés. Les samouraïs, par ailleurs, n'avaient le droit d'exercer d'autre activité qu'un art guerrier, à l'exception, toutefois, de la médecine. C'est la raison pour laquelle de nombreux médecins sont représentés avec le Katana (sorte de grand sabre) à la taille.

Dans un mémoire de fin d'étude J. Zitoun a recherché les correspondances entre les points d'Atemi et les points d'acupuncture. Elles sont nombreuses et la question reste posée de savoir laquelle des disciplines a enrichi l'autre. De nombreux points sont interdits en acupuncture car ils risquent de provoquer la syncope ou même de mettre le patient en danger de mort ; ces points sont bien connus en Karaté et certains le sont également en médecine occidentale.

Le point Atemi Matsukaze

Ce point du cou est connu en acupuncture comme le point 9 du Méridien de l'Estomac et est utilisé en médecine classique comme réflexe sino-carotidien.

Décrivons cette dernière utilisation, plus familière, en premier lieu. Certaines tachycardies (maladie de Bouveret) peuvent être arrêtées par la stimulation manuelle de ce point.

En effet, le point E9 est situé au niveau du sinus carotidien, près des barorécepteurs. Les barorécepteurs qui recueillent les informations sur la tension de l'artère en avertissent ensuite (via plusieurs nerfs) le bulbe cérébral. Du bulbe partent des nerfs qui agissent au niveau du cœur en provoquant soit une accélération, soit un ralentissement de celui-ci. La pression exercée sur le point E9 stimule les barorécepteurs qui provoquent alors un ralentissement cardiaque.

En présence de certaines tachycardies (maladie de Bouveret, entre autres), le médecin essaye de stimuler les récepteurs sino-carotidiens avant d'injecter des médicaments. Les malades qui ont des crises de tachycardie fréquentes ont même appris à les arrêter eux-mêmes par ce moyen.

Les K.O. des boxeurs sont en rapport avec une stimulation brutale de ces sinus, ce qui provoque une brusque bradycardie.

Notons encore que certaines personnes, aux barorécepteurs très sensibles, présentent lors des brusques mouvements du cou (par exemple lors des manœuvres pour une marche arrière en voiture) des vertiges passagers.

En karaté, ce point est utilisé lorsqu'on désire se débarrasser rapidement d'un adversaire. Le karatéka connaît non seulement les points qui « bloquent » l'adversaire mais également ceux qui le raniment.

En acupuncture, le point E9 est un point dit « grande fenêtre du ciel » ; en effet, il stimule la montée de l'énergie vers le haut. Suivant la tradition, la sidération de ce point, empêchant l'énergie de monter vers la tête, provoque la syncope.

Ajoutons que ce point, l'un des plus dangereux à traiter en acupuncture demande de la part du médecin une attention soutenue, la connaissance exacte de l'anatomie et du trajet des Méridiens. En effet, outre ces rapports avec les barorécepteurs, ce point est situé près de l'artère carotide, du tronc veineux (dit de Farabœuf), des formations nerveuses et des formations lymphoïdes qui agissent sur la thyroïde.

Cette remarque, au sujet d'un seul point, illustre à suffisance, pensons-nous, que l'acupuncture nécessite de la part de celui qui la pratique non seulement la connaissance des points et de leur action mais également d'autres connaissances précises comme l'anatomie, la physiologie, la réanimation. La pratique de l'acupuncture doit donc être réservée aux médecins, seuls capables de prévoir les dangers de certaines stimulations et, le cas échéant, seuls capables d'atténuer certains effets négatifs d'une stimulation.

Actuellement, les nombreuses écoles de judos, installées en Europe enseignent à leurs membres l'existence de ces points de défense et de secours.

Certaines techniques, comme le karaté, ont développé jusqu'à l'extrême la connaissance des Atemis.

Ceci a provoqué la curiosité des judokas européens qui se sont demandé s'il n'existait pas d'autres points d'acupuncture sur le corps susceptibles d'êtres massés dans un but thérapeutique.

Ces cercles se sont alors tournés vers le shiatsu, le do-in et l'acupressing. C'est ainsi que des cours de shiatsu sont donnés parallèlement à l'enseignement du judo. L'origine japonaise du shiatsu, tout comme du judo, le fait préférer au do-in dont il n'est qu'une adaptation.

Annexes

Petit glossaire chinois-français

Tous les mots chinois rencontrés dans le texte figurent dans ce glossaire, à l'exception des points de traitement de l'acupressing et du nom chinois des Méridiens.

An Mo	massage chinois.
Atemi	coup (Ate) sur le corps (Mi) dans le but d'immobiliser l'adversaire.
Chao	niveau d'énergie (moyen).
Cheng	cycle de génération dans la théorie des cinq éléments ; avec le cycle Ko (ou cycle d'inhibition, il forme le cycle Wou-hing).
Cheou	membre supérieur.
Cheu Houang	Empereur chinois.
Chou	variété rapide de pouls.
Do In	massage chinois.
Fou	nom général des organes Yang ; ce sont les entrailles qui ont une fonction de transformation des aliments. Ils sont creux et les supplices ont montré qu'ils ne sont pas nécessaires à la vie. Ce sont l'estomac, l'intestin grêle, le gros intestin, la vésicule biliaire et la vessie. Les Français les désignent sous le terme d'« organes Atelier ».
Fou-Hi	Empereur légendaire, l'auteur des trigrammes.
Hia	dynastie chinoise.

Ho	point Su de dispersion de l'énergie.
Houang Ti	Empereur de Chine (l'Empereur Jaune).
Hsueh	dépression qui correspond à un point.
I	la médecine.
Iong	variété d'énergie qui circule dans les Méridiens.
Inn	l'une des énergies du Tao.
Jenn Mo	Vaisseau Conception. C'est un des Méridiens curieux. Il est mer de tous les Méridiens Inn et circule sur la face antérieure.
Jiu-Jitsu	principe de souplesse, le premier art martial.
Kao	mot chinois pour désigner les moxas.
Katana	grand sabre des samouraïs.
King	mot chinois pour désigner un Méridien ; on écrit aussi Tsing.
King	point Su d'accumulation de l'énergie.
Kiang Hi	Empereur de Chine.
K'Ien Long	Empereur de Chine.
Ko	Cycle d'inhibition du Wou-Hing (cinq éléments).
Kuatsu	Kua (= vie) et tsu (= technique) : techniques de réanimation utilisées dans les arts martiaux.
Ling-Hi	découpage lent. Supplice chinois.
Li Tche Tchen	rédacteur d'un ouvrage consacré aux pouls.
Lo	Méridien transverse qui unit deux Méridiens principaux.
Lo	point d'origine du Méridien Lo.
Matsukaze	point Atemi (Estomac 9).
Ming	le plus faible niveau d'énergie pour les Méridiens Yang.

Mo	points particuliers du corps particulièrement douloureux dans les maladies. Points de diagnostic et de traitement des maladies aiguës. Point Héraut. Les points Mo sont au nombre de dix.
Moxa	mot d'origine japonaise qui désigne une plante (l'armoise) et la technique de stimulation des points par la chaleur .
Nan King	célèbre ouvrage traitant d'acupuncture.
Nei Tching Sou Wen	le premier ouvrage de médecine.
Niou Koua	femme de l'Empereur Fou-Hi.
Oe	variété d'énergie circulant dans les Méridiens. Est dite aussi énergie Wei.
Shiatsu	acupressing (ou Do In). Cette technique utilise, en outre, des massages sur tout le corps.
Sou Wen	un des ouvrages de base de l'acupuncture.
Su	points chinois ordonnés suivant la loi des cinq éléments.
Tao	loi universelle.
Tae	la plus haute énergie.
Tai Tchi	représentation graphique des lois du Tao.
Tche Tchen	doigt-aiguille.
Tai Tchi Chan	gymnastique chinoise.
Tchen	aiguille d'acupuncture.
Tcheng	roi chinois.
Tchong Mo	un des Méridiens curieux.
Tchi	énergie. Désigne aussi la sensation propagée lors de la stimulation d'un point.
Tching	mot chinois pour Méridien.
Te	manifestations du Tao.

Tong Jen	l'homme d'acier (ou de cuivre) grandeur nature et qui servait au XIe siècle à étudier l'acupuncture.
Tou Mo	Vaisseau Gouverneur. Il est mer de tous les Méridiens Yang ; il est Méridien curieux de la face postérieure.
Tsang	nom général des organes (viscères) Inn. Ce sont les organes pleins nécessaires à la vie. Ils conservent, concentrent et distribuent l'énergie. Ce sont le cœur, le foie, la rate, le poumon et le Triple Réchauffeur. Les Français les désignent sous le terme d' « Organes Trésors ».
Tsie	percussion-palpation.
Tsie	variété lente de pouls.
Tsiue	énergie Inn la plus basse.
Tsing	point Su et point de départ du Méridien tendino-musculaire.
Tsou	membre inférieur.
Tsoun	unité proportionnelle utilisée en acupuncture.
Tsri	point Su de désobstruction ou de déblocage de l'énergie.
Wang Chou Houo	rédacteur d'un ouvrage célèbre consacré aux pouls.
Wan	inspection.
Wei	énergie (dite aussi Oe) de défense.
Wen	anamnèse.
Wou Hing	loi des cinq éléments.
Yang	une des énergies du Tao.
Yi-King	ouvrage divinatoire source de toute la sagesse chinoise.

Yong	énergie alimentaire circulant dans les Méridiens ; c'est l'énergie principale.
Yong	point Su d'accélération de l'énergie.
Yu	point Su d'absorption de l'énergie.
Yu	point Assentiment. Les points Yu sont situés sur le Méridien de la vessie ; ce sont les points de traitement des maladies chroniques. Ils sont au nombre de treize.
Yuan Tchen	la seconde aiguille d'acupuncture.
Yunn	point Su d'acupuncture.

Tableaux

Les pouls chinois dans leurs rapports avec les Méridiens

Dans ce tableau, nous reprenons les pouls chinois et leur concordance avec les Méridiens.

Le poignet droit est l'épouse, le gauche est l'époux. Deux Méridiens situés sur une horizontale auront des rapports époux-épouse.

Les Méridiens qui correspondent au pouls superficiel et au pouls moyen sont ceux que la tradition appelle les Méridiens couplés.

	Poignet droit (épouse)	← EE →	Poignet gauche (époux)	
S	Gros intestin	MC	Intestin grêle	POULS I (pouce)
M	Poumons	MC	Cœur	Situé entre le pouce et l'apophyse styloïde
P	//	MC	//	
S	Estomac	MC	Vesicule biliaire	POULS II (barrière)
M	Rate-Pancréas	MC	Foie	Situé au niveau de l'apophyse styloïde
P	Rate-Pancréas	MC	//	
S	Triple réchauffeur	MC	Vessie	POULS III (pied)
M	Maître du Cœur	MC	Reins	Situé au-delà de l'apophyse styloïde
P	//	MC	Reins	

MC = Méridiens couplés P = profond M = moyen

S = supérieur EE = rapport époux-épouse

Les pouls, la circulation et le cycle Cheng

Nous avons repris ci-après le tableau de la page précédente mais complété par le cycle Cheng.

Le tableau « b » indique le sens de la circulation profonde de l'énergie dans les Méridiens Inn et le tableau « c » son sens dans les Méridiens Yang.

Le cycle Cheng

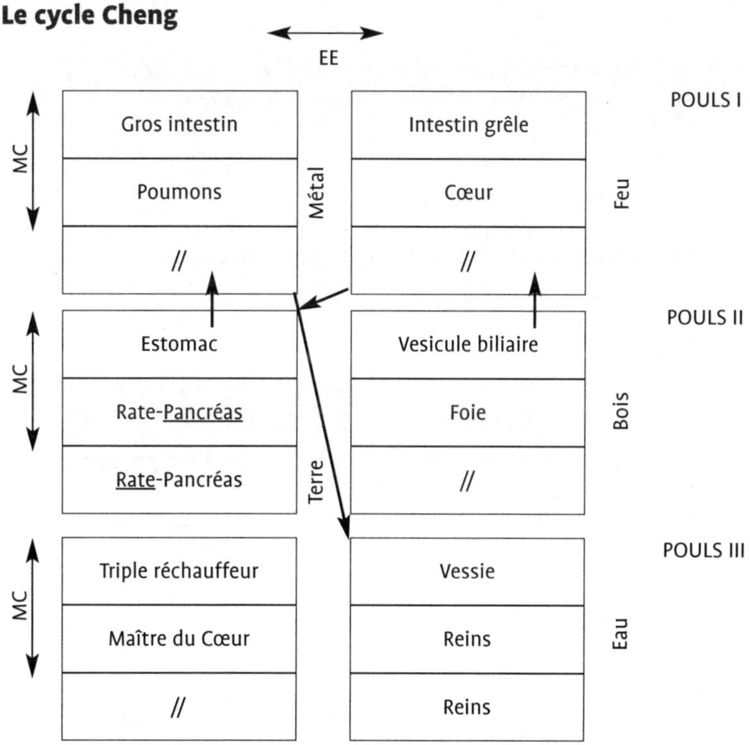

Remarques : pour les légendes, voir le tableau II. Le Triple Réchauffeur et le Maître du Cœur ne participent pas au cycle Cheng (ce sont des Méridiens d'équilibre, voir page 41).

Circulation profonde de l'énergie dans les Méridiens Inn

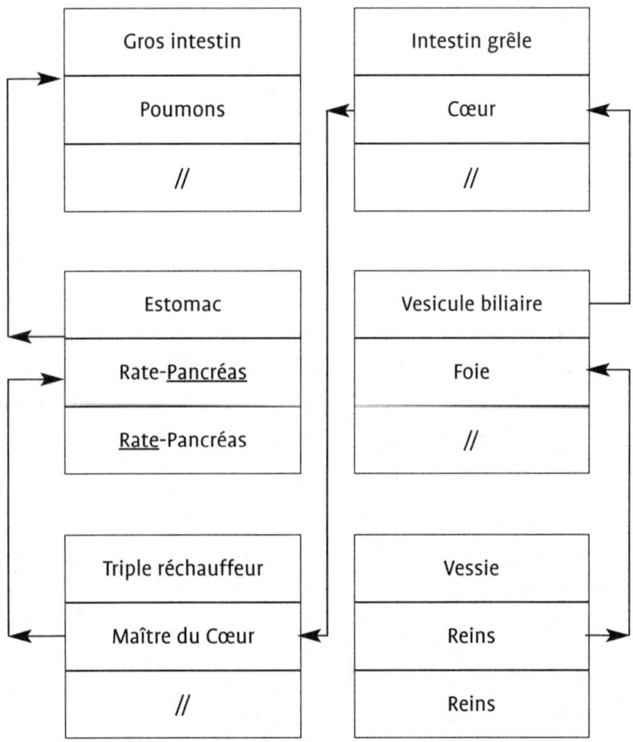

Note : on assimile le couple Triple Réchauffeur-Maître du Cœur au feu.

Circulation profonde de l'énergie dans les Méridiens Yang

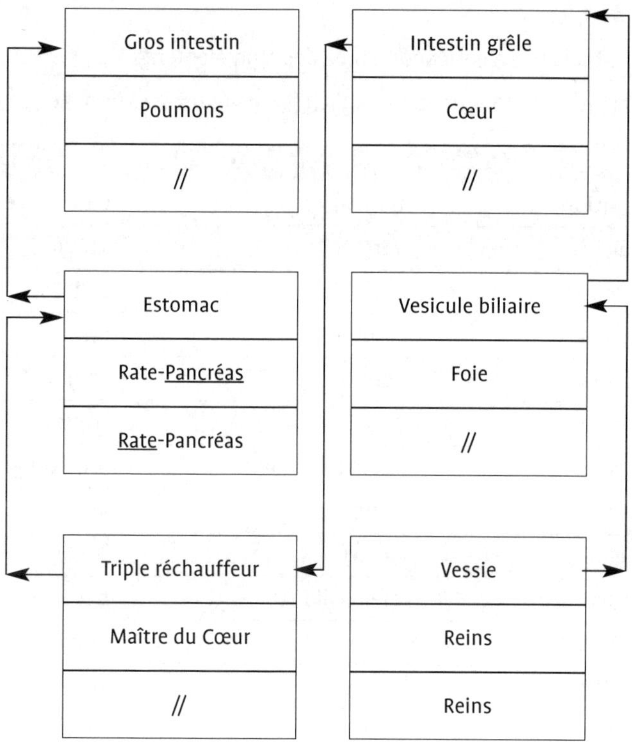

Les cinq éléments (Wou-Hing)

Ce tableau établit (partiellement) la correspondance entre le microcosme et le macrocosme.

C'est le tableau de correspondance des cinq éléments.

Ce tableau a été longuement explicité dans le texte (voir pages 72 et ss).

Élément	Bois	Feu
Évolution	naissance	croissance
Couleurs	vert	rouge
Directions	est	sud
Saisons	printemps	été
Climats	venteux	chaud
Viscères	foie	cœur
Organes	vésicule biliaire	intestin grêle
Goûts	aigre	amer
Odeurs	rance	brûlé
Vertus	bienveillance	décence
Orifices des sens	yeux	langue
Sécrétions	larmes	sueur
Journée	matin	midi
Émotion	colère	joie
Animaux	dragon	phénix
Notes	la	do
Sons	cris	rires
Viandes	volailles	mouton
Nombres	3 et 8	2 et 7

Terre	Métal	Eau
transformation	déclin	mort
jaune	blanc	noir
centre	ouest	nord
fin d'été	automne	hiver
humide	sec	froid
rate	poumons	reins
estomac	gros intestin	vessie
sucré	piquant	salé
agréable	pourri	putride
foi	droiture	sagesse
bouche	nez	oreilles
salive	crachats	urine
milieu après-midi	soir	nuit
souci	tristesse	peur
bœuf	tigre	tortue
fa	sol	ré
chant	sanglots	gémissements
bœuf	cheval	porc
5 et 10	4 et 9	1 et 6

Circulation horaire de l'énergie

Ce tableau indique le sens de la circulation superficielle de l'énergie dans les Méridiens principaux, ainsi que l'horaire de circulation de celle-ci.

Chaque Méridien est en plénitude durant deux heures et en « vide » durant une période identique.

Pour le nom des Méridiens, voir page 46.

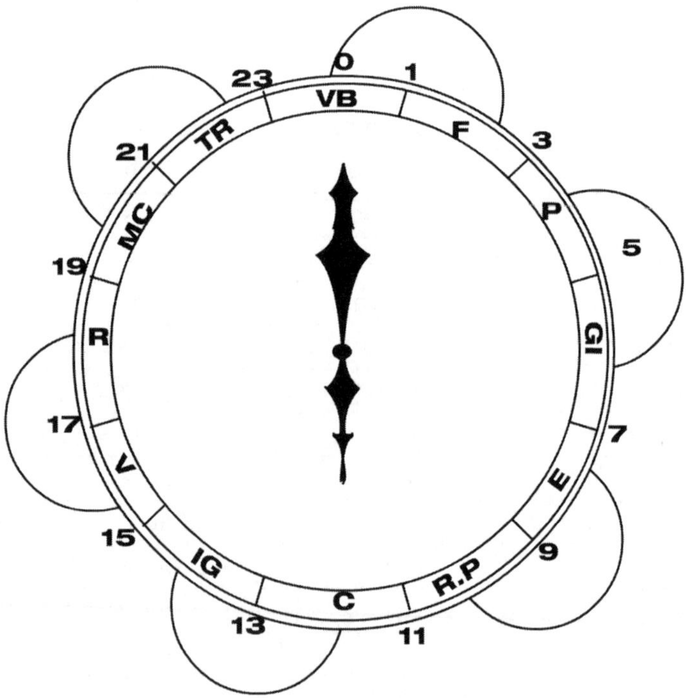

Lo des Méridiens couplé

Niveaux d'énergie et Tai Tchi

C'est la grille énergétique de Mussat représentée sur le Tai Tchi (voir note 15).

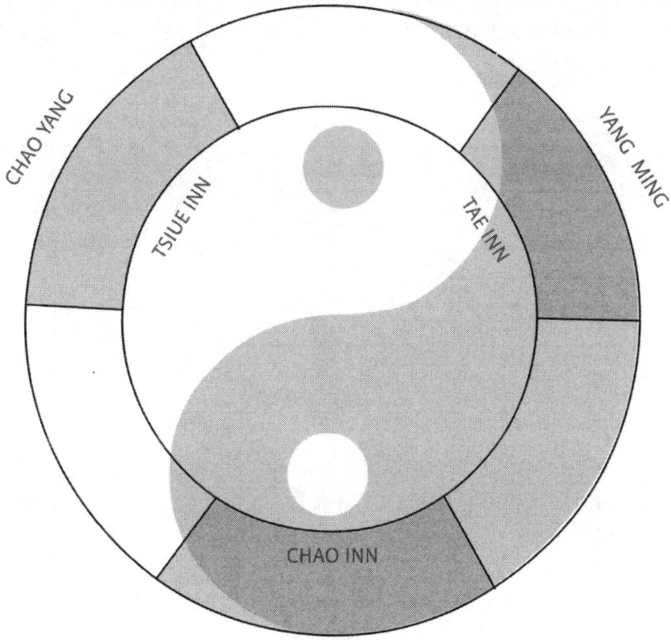

Circulation générale de l'énergie

Ce tableau indique la circulation générale de l'énergie. Cette « grille énergétique » a été imaginée par le Docteur Mussat.

Elle montre bien comment l'énergie passe du Inn au Yang. L'énergie circule dans le sens horaire mais il y a un petit « échappement » qui serait l'énergie de défense.

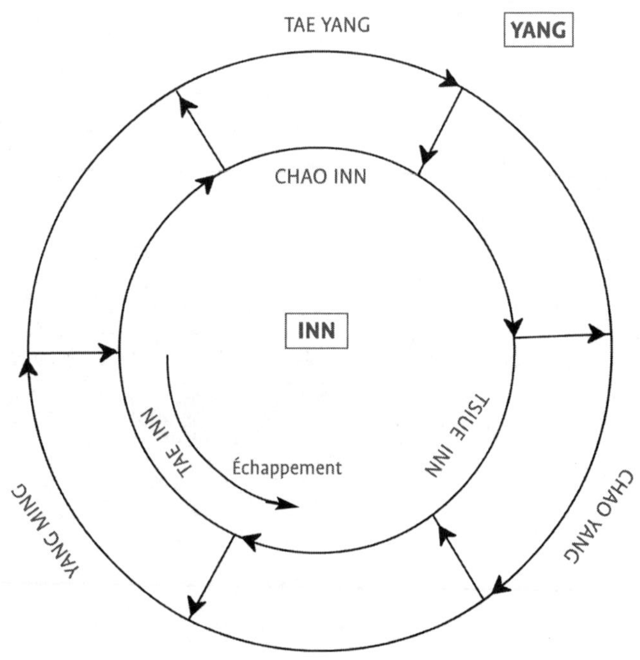

Organisation générale d'un Méridien

C'est un résumé des nombreuses connexions d'un Méridien principal avec le réseau des Méridiens.

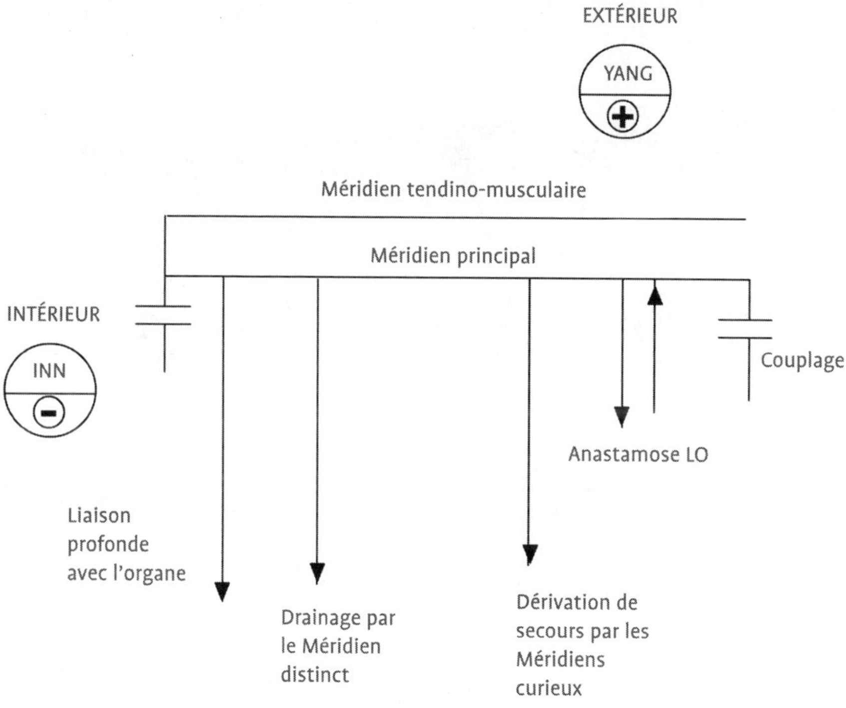

Cycle Wou-Hing (cinq éléments)

C'est la représentation graphique du cycle Wou-Hing.

Le cycle de production, ou cycle Cheng, est représenté dans le cercle et le cycle d'inhibition, ou cycle Ko, est représenté par l'étoile.

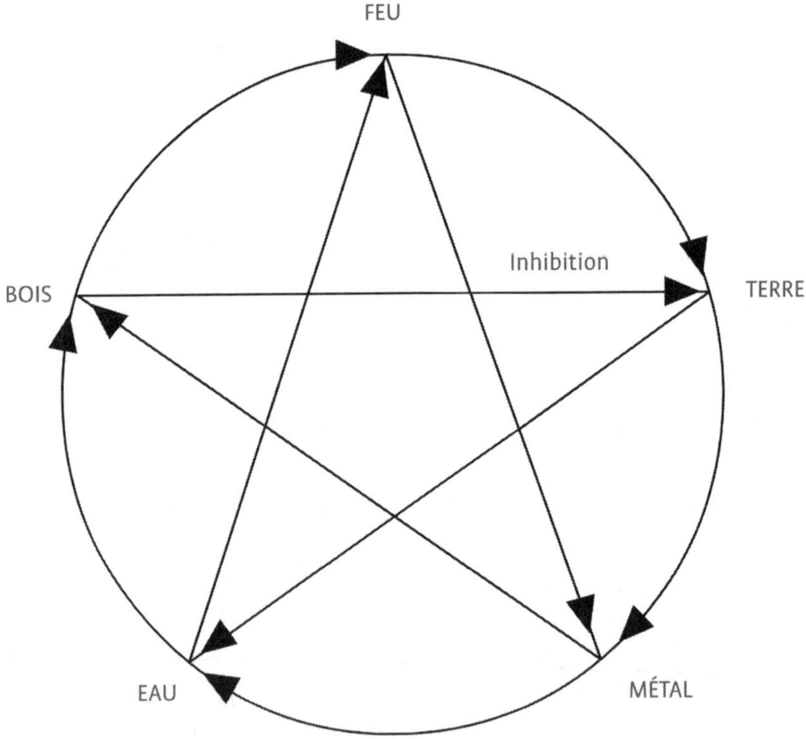

Chronologie des événements

Petit résumé des principaux événements décrits dans le texte ; il servira de repère chronologique.

En Chine :

Dynastie des Hia (les 5 Empereurs mythiques)

On retrouve ces cinq empereurs dans les légendes taoïstes, dans le confucianisme, et même dans tableau des cinq éléments.

1. **Fou Hi** : selon les légendes, il serait né d'une vierge ou apparu sur terre en compagnie d'extra-terrestres ; il est l'auteur du Yi-King. Son épouse Niou Koua ordonne l'Univers. Il aurait enseigné aux Chinois la cuisson des aliments, l'écriture, la culture du ver à soie, etc.
2. **Chen-Nang** : le laboureur divin. Dieu du feu, il transforma par incendie la jungle en terres arables.
3. **Houang-Ti** : l'Empereur Jaune. C'est le premier Empereur dont la certitude historique soit établie (-3000 avant l'ère commune). Il serait l'auteur du Nei Tching Sou Wen. On lui doit la découverte de la boussole, l'utilisation de l'acier, etc. Il ordonne l'utilisation systématique de l'acupuncture.
4. **Yao** : cet empereur n'aurait eu aucun rôle majeur pour ce qui concerne l'acupuncture.
5. **Yu** : cet empereur n'aurait eu aucun rôle majeur pour ce qui concerne l'acupuncture.

Dynastie des Chang

Dynastie des Tcheou occidentaux

Le Roi Wen commente les trigrammes.

Dynastie des Tcheou orientaux

Les royaumes combattants

- ***L'empire unitaire***

Dynastie des Tsin (250 avant l'è.c.)

Cheu Houang Ti : le premier Empereur. Unification de la Chine (politique, sociale). Unification de l'écriture. La grande muraille. L'armée d'argile. Destruction des livres.

Dynastie des Han (- 200 à 200)

Retranscription des livres détruits. Développement de l'acupuncture. Les cinq viscères pleins. Développement de la pulsologie et de la nosologie (classification des maladies).

Durant les dynasties suivantes, il y a morcellement de la Chine en trois royaumes ainsi que de nombreuses invasions barbares. La médecine s'enrichit cependant : découverte des six viscères creux et des maladies par carence, utilisation des moxas, etc.

- ***Restauration de l'unité de la Chine***

635 : le Nestorianisme pénètre en Chine.

1027 Tong Jen : l'homme de cuivre.

Dynastie mongole (Gengis Khan, Khoubilai Khan, 1167-1294)

Supprimé en 845, le Nestorianisme revient avec les Mongols et connaît un énorme succès (la mère de Koubilai Khan était une dévote nestorienne).

Dynastie des Ming (1368-1644)

Les jésuites pénètrent en Chine et adoptent certaines de leurs coutumes.

Dynastie des Tsing (Mandchous, 1636-1911)

Règne de K'ang Hi : il accorde la liberté aux jésuites. Les Chinois s'intéressent à l'anatomie humaine (linghi ou dépeçage).

Règne de K'ien Long : ambassade de Lord Macartney.

1822 : supression des facultés d'acupuncture.

Règne de Siuan Tong (Puyi) : le dernier Empereur (un enfant de six ans !).

- ***République depuis 1912***

Mao Tse Toung : il ordonne le développement de l'acupuncture.

1979 : Symposia de Pékin consacré à l'acupuncture.

Les « médecins aux pieds nus ».

En France et dans le monde

1955 : Publication de l'*Acuponcture chinoise*, l'œuvre majeure du diplomate Soulié de Morant (publication posthume).

1972 : découverte par l'Occident de l'anesthésie par acupuncture.

1979 : l'O.M.S. publie une liste des 43 familles de maux pouvant être soulagés par l'acupuncture.

1987 : Le Docteur Darras visualise scientifiquement le trajet des principaux Méridiens.

Notes

1 – Le Nei Tching est composé de deux parties dont l'une porte le nom de Sou Wen et est parfois éditée séparément. Pour cette raison on désigne l'ouvrage sous le nom de Nei Tching Sou Wen.

2 – Le Sou Wen est un dialogue entre l'Empereur Houang Ti et son conseiller le médecin Khi Pa.

3 – L'Empereur Cheu Houang est une des figures les plus importantes de la Chine. On lui doit également la construction de la Grande Muraille. Il y a quelques années, les archéologues chinois ont découvert près de la ville de Sian, le site le plus extraordinaire qui soit : un gigantesque tunnel contenant des milliers de guerriers, de chevaux et de chars ; tous en grandeur nature ! Chaque personne est un portrait unique et les habits (armures, ceintures, guêtres...) sont figurés avec tous les détails. Cette armée d'argile est exposée dans un musée en plein air.

4 – Les jésuites ne furent pas les premiers chrétiens en Chine. Suite au concile d'Ephèse (431) qui condamne Nestorius, ses disciples s'étendent en Orient et en Asie. Une colonie importante s'installe en Chine.

Rappelons que le nestorianisme prêche la séparation des deux natures humaine et divine en Christ. Ainsi, Marie pouvait être appelée mère du Christ mais non mère de Dieu.

5 – Je ne résiste pas au plaisir de poursuivre la lettre : « Une longue robe de toile blanche, une autre par-dessus, aussi longue, d'une étoffe de soie ordinairement bleue, avec une ceinture ; sur le tout un petit habit noir ou violet qui descend aux genoux, fort ample, et à manches larges et courtes, un petit bonnet fait en forme de cône raccourci, chargé tout autour de soies pendantes ou de crin rouge, des bottes d'étoffe aux pieds, un éventail à la main : c'est ainsi qu'on doit être ajusté toutes les fois qu'on sort de la maison, ou que l'on rend une visite de conséquence. Dans le domestique, on quitte une partie de cet attirail ; mais il faut bien se garder de dire la messe sans avoir la tête couverte d'un bonnet particulier, et sans avoir pris ses bottes ». Au sujet des bonzes, une autre lettre nous apprend que « celui qui postule pour l'état de bonze, est obligé de laisser croître sa

barbe et ses cheveux pendant un an, de porter une robe déchirée, et d'aller de porte en porte chanter les louanges des idoles auxquelles il se consacre ». Le noviciat terminé, il porte « une longue robe grise, que j'ose dire semblable quant à la forme aux robes ou manteaux de nos religieux d'Europe, le capuchon et la couleur à part » (83-211).

6 – Mendosa (Juan Gonzales de), missionnaire espagnol de l'ordre de Saint-Augustin, fut envoyé en Chine de 1580 à 1583. Il en ramena une très riche documentation et publia un ouvrage considérable consacré aux rites et coutumes de la Chine.

7 – En cela il reprend l'ordre (vieux de 5000 ans) de l'Empereur Houang Ti : « Je regrette que mon peuple, arrêté par les maladies, ne s'acquitte plus de l'impôt qu'il me doit. J'interdis qu'on lui donne encore des médicaments qui l'empoisonnent et j'ordonne qu'on le soigne exclusivement avec les aiguilles de métal qui dirigent l'énergie ».

8 – Aux mêmes causes mêmes effets ! La vulgarisation de l'astrologie a amené sa perte ; la pratique de l'acupuncture sans connaissances conduit inévitablement à son discrédit. Un même phénomène a jeté l'électrobiologie dans les oubliettes de la science (nous lui consacrerons un paragraphe dans la troisième partie de ce volume).

9 – Le système orthosympathique serait représenté par le Méridien Maître du Cœur.

10 – Le Yi-King que l'on traduit en français par *Livre des Mutations* ou *Livre des Transformations* se décompose ainsi : *Yi* a pour sens « caméléon », c'est-à-dire ce qui se change, se transforme, se métamorphose ; *King* signifie trame d'un tissu. C'est donc la trame des transformations ou *Livre des Mutations*. Signalons que le signe Yang est représenté par un trait plein (-) et le Inn par un trait ouvert (- -).

11 – Avant d'utiliser les tiges d'achillées, les Chinois ont cherché l'avenir sur les carapaces de tortues. La tortue est une image de l'Univers : elle est microcosme (corps) et macrocosme (carapace). Cette carapace symbolise étrangement l'Univers ; en effet, son dos est rond comme le ciel et son ventre est carré, comme la terre. Aussi, la tortue participe-t-elle à tous les mythes. L'étude de la carapace, et principalement de la face ventrale permet au devin de prévoir l'avenir. On trouvera une description complète

de cet art divinatoire (chéloniomancie) chez Granet (37-149 et ss). La divination par les écailles de tortue et les tiges d'achillée étaient « un moyen de gouvernement ; c'est par leur usage que le souverain triomphait de toutes les hésitations du peuple, et qu'il imposait à ce dernier des décisions que nul n'aurait osé contester. » (E. Chavannes cité in 21-50).

12 – L'achillée est une plante commune. Elle est employée actuellement pour la composition florale et les bouquets secs du fait de la résistance de sa tige.

13 – Dans leur volume consacré à la médecine chinoise, Huard et Ming Wong écrivent (43-7) : « Le meilleur pont pour accéder à ce système de classification compliqué d'organes, d'orifices, d'éléments, de points cardinaux, de saisons et de qualités, établi suivant des normes qui, bien que totalement arbitraires, sont considérées comme essentielles, c'est la mentalité des kabbalistes, des occultistes... ». Bien que nous ne soyons pas entièrement d'accord avec le terme « arbitraire », ces auteurs sont les premiers à insister (bien discrètement) sur les rapports entre la médecine chinoise et la kabbale. Pourtant, l'enseignement du Zohar (*Le livre de la Splendeur*, ouvrage de base du kabbaliste) mériterait d'être comparé à la sagesse chinoise. Cette étude n'existant pas, nous nous contenterons de relever quelques traits de cette mystique juive après avoir signalé que des communautés juives ont presque toujours existé en Chine. Certains auteurs pensent même qu'un fils de Noé s'y serait établi. Peut-être y a-t-il eu des rapports entre la communauté juive de Chine et la Kabbale, nous ne le savons pas.

Quoi qu'il en soit, la numérologie emblématique chinoise et juive trouvent très vraisemblablement leurs origines dans ce que Jung a appelé les archétypes. L'origine de ceux-ci est, elle aussi un mystère. Il est dit dans le Zohar que Dieu enferma la création dans un palais pourvu de cinquante portes ; quarante-neuf d'entre elles sont ouvertes sur les quatre côtés. La dernière, la mystérieuse, n'est ouverte sur aucun côté et on ne sait si elle est ouverte sur le haut ou le bas. Ceci est à rapprocher de la fonction divinatoire des tiges d'achillées (voir chapitre sur le Yi-King). Il est également rappelé dans le Zohar que « Le premier homme était mâle et femelle à la fois, car l'Écriture dit : « Et Elohim dit : Faisons l'homme à notre image et à notre ressemblance. C'est précisément pour que l'homme ressemblât à Dieu qu'il fut créé mâle et femelle à la fois, et ne fut séparé qu'ultérieurement » (33-54). Plus loin il est dit « que toute figure qui ne représente pas le mâle et la femelle ne ressemble pas à la figure céleste » (page 55). Ceci est à comparer au premier couple Fou Hi/Niou Koua et au Tai Tchi. Il est également dit dans le Zohar que le monde est une émanation de Dieu qui s'est « éclaté » en dix lumières (ou séphiroth), qu'il a une forme et pas de forme, etc. Ceci est à comparer aux dix troncs célestes de l'acupuncture (cycle denaire).

Ensuite, il y a de nombreux passages où l'auteur décrit les correspondances entre le microcosme et le macrocosme. On y trouve même une loi qui est assez semblable à la loi des cinq éléments, etc. Pour en savoir plus sur le Zohar, le lecteur pourra se procurer les ouvrages *Comprendre le Judaïsme* et *Comprendre la Kabbale* de Quentin Ludwig (Eyrolles Pratique).

14 – Pour le Docteur Mussat, « une perturbation fonctionnelle peut-être traduite par un hexagramme, lui-même formé de deux trigrammes ». Partant de cela il a publié un ouvrage mettant en corrélation l'acupuncture, l'énergétique et le Yi-King.

15 – Le diagramme Tai Tchi est une illustration du Tao. Pour Granet (37-266), le mot *Tchi* est quasi équivalent à Tao : celui qui possède le Tchi possède aussi le Tao. Il traduit ainsi Tai Tchi par le « Faîte Suprême ». Les premières apparitions que l'on en connaisse se situent durant la dynastie Song, il était alors considéré comme un emblème de la Lune. Dans cet ouvrage, un chapitre est consacré au symbolisme de ce diagramme, nous n'en discuterons donc pas ici. La manière de le dessiner est illustrée aux pages 36 et 221. Remarquons que la ligne qui sépare le Inn et le Yang vaut la demi-circonférence et donc le contour qui enferme le Inn comme le Yang est égal au contour qui les enferme tous les deux. Notons également que l'opposition Inn-Yang n'est étrangère à aucun domaine de la vie chinoise ; ainsi, même la pièce de monnaie illustre cette notion : la pièce ronde (Yang) est transpercée en son centre d'un carré (Inn).

16 – Comme le nombre de mouvements de base du Tai Tchi Chuan.

17 – Actuellement de nombreux savants dans le monde étudient la réponse du règne végétal aux stimuli. Le premier, l'Américain Backster a, en 1966, utilisé un galvanomètre (appareil de mesure du courant électrique) pour observer les réactions des plantes. Son expérience, fort simple, mérite d'être décrite. Backster place une électrode sur chacune des faces d'une feuille de philodendron (Monstera) et relie le galvanomètre à un appareil capable d'inscrire les différences de potentiel enregistrées. Il soumet ensuite la plante à de nombreux stimuli agréables (arrosage) et désagréables (section d'une feuille d'une autre plante). Le galvanomètre enregistre à chaque fois des différences de potentiel. La plante « réagit » aux stimuli. D'autres part, en agriculture, on obtient de bien meilleurs résultats si on soumet la plante à des champs électromagnétiques. Certains savants estiment que l'action curative des plantes (on leur doit de nombreux médicaments) provient de leur pouvoir de modifier le champ électromagnétique des cellules. Pour en savoir plus, le lecteur lira avec plaisir et profit les nombreux ouvrages de J.M. Pelt.

18 – Le traité d'acupuncture vétérinaire du Docteur Rubin se contente d'ailleurs de reprendre les planches chinoises consacrées aux animaux de basse-cour et d'en décrire les points. Il n'existe pas, à notre connaissance, d'ouvrage d'acupuncture consacré aux animaux domestiques.

19 – Acupuncture uniciste.

20 – Durant nos études médicales classiques nous avons étudié plusieurs pouls différents ainsi que leur valeur diagnostique (pouls paradoxal en cas d'épanchement péricardique, pouls bigémine lors d'intoxication digitalique, pouls de Corrigan des anévrismes artério-veineux, etc.). La pulsologie est donc encore enseignée en Europe.

21 – Le Docteur Darras a publié une table pratique de chronoacupuncture et le *Mensuel du médecin acupuncteur* publie régulièrement un calendrier des jours et heures d'ouverture des « points-clés ». Les Méridiens curieux sont, comme les Méridiens principaux, traversés par l'énergie suivant un cycle horaire.

22 – Mesmer précurseur de la psychanalyse et du magnétisme a écrit de nombreuses pages sur l'influence des planètes sur le corps humain.

23 – 1980 a été une année propice aux orages magnétiques.

24 – Dans un ouvrage, le Docteur Requena (voir bibliographie 70) analyse les rapports entre les cinq éléments et les cinq diathèses de la médecine par les oligo-éléments. Voir aussi note 13.

25 – Avant d'entreprendre un long voyage les fonctionnaires se faisaient cautériser au point Tsou-Sann-Li (point 36 du Méridien de l'Estomac).

26 – On a obtenu, en Chine, un médicament antipaludéen à partir de l'armoise (Courrier de l'Unesco, juillet 79, page 75).

27 – En fait, l'acupressing ne comprend qu'une partie des moyens utilisés par le Do-In et le Shiatsu. Ces deux méthodes (très proches) utilisent également le massage et, parfois même, celui-ci (qui draine l'énergie) est utilisé seul.

28 – Il convient encore de signaler la vibripuncture (on place un vibromasseur de poche sur le point d'acupuncture) et la sonopuncture (on stimule les points à l'aide d'un diapason). Il est aujourd'hui facile de se procurer un petit appareil électrique (à usage individuel) destiné à stimuler les points d'acupressing.

29 – La stimulation des points d'acupuncture par le médecin requiert non seulement la connaissance des Méridiens, de l'emplacement des points, des interdictions, des connexions, des points d'ouverture, des points de tonification, des heures propices, etc. mais également un entraînement mental qui ne s'acquiert pas en un jour.

Il est en effet nécessaire d'interroger longuement le malade et de fixer les données de l'anamnèse en concordance avec le cycle Wou-Hing. Le travail est donc énorme, la gymnastique intellectuelle sérieuse et il est ainsi compréhensible que la plupart des médecins préfèrent utiliser des « recettes » : associations de points connues (programmation) ou points de brindilles.

Pour fixer les idées, prenons un exemple étranger à la médecine : chaque théorème mathématique, chaque formule donne lieu à une longue démonstration qu'il est absolument nécessaire de comprendre et de mémoriser. Cependant, devant un problème on utilise la formule découverte sans reprendre le raisonnement entier ; il arrive pourtant que le problème soit particulier et qu'il faille à nouveau démontrer la formule.

Le médecin acupuncteur connaît lui aussi des formules mais certains malades ont des problèmes particuliers et il lui est alors nécessaire de programmer à nouveau la séquence des points à utiliser.

Les ouvrages d'acupuncture donnent généralement deux types de recettes : 1. les points de brindilles, 2. un programme de points découverts par raisonnement.

Les points de brindilles sont des points transmis par la tradition.

Ainsi, pour soigner une douleur au genou, le médecin utilise les points de brindilles du genou, la douleur disparaîtra mais l'éventuel trouble énergétique à la base de cette douleur persistera. Les points de brindilles sont donc à réserver aux petites maladies. Alors que les points de brindilles agissent essentiellement sur les symptômes, les points choisis (programmés) par l'acupuncteur agissent, eux, sur l'origine de la maladie.

Le petit manuel d'acupressing que nous vous proposons se voulant essentiellement pratique et symptomatique, nous avons fait choix de décrire uniquement les points de brindilles.

30 – Le Docteur Nogier propose un point d'auriculothérapie pour stimuler la mémoire. Il l'appelle, malheureusement très improprement « point de psychanalyse ».

31 – Tous les points chinois ont un nom et ce nom est déjà en lui-même tout un programme. Certains points ayant un effet commun sont regroupés sous une dénomination unique ; il en est ainsi pour les points « fenêtre du ciel » (voir le chapitre consacré aux arts martiaux). D'autres points sont connus sous un nom qui illustre leur action : point « paiement cruel » destiné à soigner les effets d'un excès d'alcool et d'aliments, point « geisha », des Japonais, réservé aux impuissants, etc.

32 – Van Gulik est également l'auteur de romans policiers ayant pour cadre la Chine (*Les enquêtes du juge Ti*, dont il existe plusieurs titres chez 10/18). La lecture, fort agréable, de ces romans familiarisera le lecteur avec l'étiquette chinoise. Le lecteur consultera également avec profit le petit ouvrage d'Etiemble, *Connaissons-nous la Chine* (Gallimard), dont un chapitre est consacré à l'érotisme en Chine. Il y trouvera la bibliographie des principaux ouvrages à lire. Nous recommandons également la lecture

du *Sou Nu King* (un des classiques) dont une traduction, commentée par un acupuncteur, a paru aux éditions Seghers (1978).

33 – Le Docteur U. Lanza avait déjà publié, en 1968, un travail consacré à la libération d'adrénaline et d'acétylcholine par puncture de la peau. Il estimait que la stimulation de celle-ci en libérant ces substances inhiberait les effets sympathiques de la douleur. (Revue internationale d'acupuncture, numéro 8, avril juin 1968).

34 – Balint, médecin psychanalyste, élève de Ferenczi, a insisté dans un ouvrage célèbre (*Le médecin, le malade et la maladie*) sur la nécessité d'un réel dialogue avec le malade. Les médecins qui pratiquent cette méthode se réunissent régulièrement en « groupe Balint » pour discuter de leurs succès et de leurs échecs. Voir à ce sujet, du même auteur, *Mieux communiquer avec son médecin traitant* (Eyrolles).

35 – Prioré, technicien bordelais, a breveté, en 1963, un générateur de champs électromagnétiques qui, selon lui, guérissait les cancers. Les dernières vérifications semblent contredire sa thèse mais, par contre, l'appareil semble efficace pour le traitement de la maladie du sommeil.

36 – Ceci explique peut-être le meilleur succès obtenu en analgésie chez les animaux.

37 – Choisir une transcription pour le chinois n'est pas chose aisée. La langue chinoise, à l'inverse de la plupart des autres langues, n'est ni phonétique, ni alphabétique ; à l'invariabilité des mots elle ajoute le principe graphique de l'idéogramme : écriture non du son des mots mais de leur sens. Ainsi, le mot écrit est dépourvu de tout revêtement sonore. Illustrons ceci par un exemple. Si je dessine un cheval, même très schématiquement et que je le montre à plusieurs personnes de langues différentes, toutes comprendront ce que je désire représenter. Cependant l'idéogramme cheval sera vocalisé cheval, *horse*, *lochad*... suivant la langue usuelle de celui qui le regarde. Ce dessin, cet idéogramme a donc un sens mais pas de son. Par contre, si j'écris cheval, même en ignorant le français, je puis lire ce mot : il a un son mais pas de sens. L'écriture chinoise qui procède par sens est donc une écriture idéographique. Dans la langue chinoise, monosyllabique et tonalisée (chaque mot possède une gamme de tonalités), tout idéogramme représente un mot auquel on a

associé un son. Pour un mot rencontré la première fois, il n'est pas possible de donner un son mais bien souvent un sens, car l'idéogramme est décomposable logiquement.

Il était donc nécessaire de trouver, pour les lecteurs étrangers, une transcription phonétique des mots chinois. Suivant sa langue maternelle, le traducteur usera d'une graphie différente (il suffit de comparer les nombreuses orthographes pour le dirigeant russe Poutine ; alors qu'en russe, naturellement, une seule orthographe est possible). Les transcriptions phonétiques des idéogrammes sont dès lors nombreuses et chaque école avait la sienne ce qui rendait la lecture souvent très ardue car il était impossible, sans se référer à l'idéogramme d'origine, de savoir si le mot écrit sous plusieurs formes était le même.

Pour le seul mot Tchi (énergie) on rencontre les formes suivantes : ts'i, ch'i, tji, chi, ci, tc'i...

Actuellement (depuis 1958), les Chinois utilisent dans leurs traductions la transcription *pinyin zimu* et celle-ci tend à devenir universelle. Cependant, pour le lecteur de langue française cette transcription n'est pas évidente ; ainsi le mot tchi s'écrit Qi et Confucius s'orthographie Kongzi !

Dans un ouvrage de vulgarisation, nous avons préféré utiliser une transcription plus habituelle (Debesse) quitte même à orthographier un même mot de plusieurs façons différentes (dans le couple des mots Tae Yang et Tai Tchi le premier élément « Tae ou Tai » signifie suprême) si l'usage le demande.

Informations utiles

Si vous souhaitez un diagnostic ou un traitement par l'acupuncture ou une des autres disciplines de la médecine chinoise (auriculo-acupuncture, moxibustion, pulsologie, phytothérapie, etc.), il est préférable de vous faire examiner et soigner par un médecine formé aux deux sources du savoir médical. Pour trouver un médecin rompu aux techniques occidentales et orientales vous pouvez consulter les sites des Associations de médecins acupuncteurs et, tout spécialement, les sites suivants :

FRANCE

Association Française d'Acupuncture
Tour CIT Paris
3, avenue de l'Arrivée
75749 Paris Cedex 15
www.acupuncture-france.com
Secrétariat : secretariat@acupuncture-france.com

La Confédération Française de Médecine Traditionnelle Chinoise (C.F.M.T.C.).
44, allée Darius Milhaud
75019 Paris
http://www.cfmtc.org
Secrétariat : info-cfmtc@cfmtc.org
&
7, rue Louis Prével
06000 Nice
www.fnmtc.com
Secrétariat : contact@fnmtc.com

Fédération Pan Européenne des Spécialistes de Médecine Traditionnelle Chinoise
50, rue Jeanne d'Arc
75013 Paris
www.pefctcm.org
Secrétariat : pefctcm@wanadoo.fr

Syndicat Indépendant des Acupuncteurs Traditionnels et des Thérapeutes en Énergétique Chinoise
ZI St Tronquet - Quartier les Daulands
84130 Le Pontet
www.imtc.asso.fr
Secrétariat : infos@imtc.asso.fr

L'Union Française des Professionnels de Médecine Traditionnelle Chinoise (U.F.P.M.T.C.).
B.P. 294
75464 Paris CEDEX 10
www.ufpmtc.com
Secrétariat : infos@ufpmtc.com

Où consulter à Paris ?

Hôpital Hôtel Dieu. (Assistance Publique-Hôpitaux de Paris)
Consultation d'acupuncture : 1, rue Cité – 75004 Paris

Hôpital Saint Jacques.

Consultation d'acupuncture : 37, rue saint Jacques – 75014 Paris

Hôpital Tenon. (Assistance Publique – Hôpitaux de Paris)

Consultation d'acupuncture : 4, rue de Chine – 75020 Paris

CANADA FRANCOPHONE

Association des acupuncteurs du Québec
Secrétariat : info@acupuncture-quebec.com

BELGIQUE

Association Belge des Médecins Acupuncteurs
Rue du Serpolet 2
1080 Bruxelles
www.acupuncture.be
Secrétariat : bvga@skynet.be

SUISSE FRANCOPHONE

Association Suisse des Praticiens de Médecine Traditionnelle Chinoise (E.S.C.)
rue des Glacis-de-Rive 17
1207 Genève
www.acu.ch/formation.htm

Bibliographie

1. Académie de médecine chinoise. *Précis d'acupuncture chinoise.* Pékin 1977. 327 pages.

2. Archange G. *Précis de massage chinois.* Doin. 1979. 224 pages.

3. Balazs E. *La bureaucratie céleste.* Gallimard. 1968. 346 pages.

4. Bergier J. *Les maîtres secrets du temps.* J'ai Lu. 1974. 119 pages.

5. Bermann G. *La santé mentale en Chine.* Maspero. 1973. 260 pages.

6. Bong Han Kim. *Études sur le système Kyeugrak.* Pyongyan Corée. 1964. 43 pages.

7. Borsarello. *Les 28 formes pulsatiles pathologiques chez Wang Chou Houo.* Revue Méridien (numéro 47-48). 1979. 12 pages.

8. Borsarello. *L'acupuncture et l'Occident.* Fayard. 1974. 200 pages.

9. Borsarello. *Le massage dans la médecine chinoise.* Maisonneuve. 1971. 233 pages.

9b. Lehmann J. *Ce que peut révéler une variation de couleurs des ongles, des mains, de l'œil,...* Éditions de l'école de médecine. 2000. 64 pages.

10. Borsarello. *Acupuncture.* Masson. 1979. 166 pages.

11. Bossy J. *Acupuncture, moxibustion, analgésie acupuncturale.* Doin. 1980. 286 pages.

12. Bouziges P. *L'influence chinoise sur la sphygmologie au XVIII*e *siècle.* Revue Méridien (Numéro 47-48). 1979. 13 pages.

13. Bramly S. *Le Yi-King.* Revue Planète (Numéro 2). 1972. 6 pages.

14. Cavendish R. *Encyclopédie de l'inexpliqué.* Elsevier Sequoia. 1976. 304 pages.

15. Chamfrault A. et Ung Kam Sam. *Traité de médecine chinoise.* Tome II. Coquemar Angoulème. 1955. 575 pages.

16. Chan Pedro. *Guide de l'acupressing manuel.* Le Prato. 1974. 71 pages.

17. Chang J. *Le tao de l'art d'aimer.* Calmann-Lévy. 1977. 214 pages.

18. Charrière J. *Anatopuncture.* Le François. 1978.

19. Chou E. *Les jeux de l'amour en Chine.* Marabout. 1976. 254 pages.

20. Collectif. *La parapsychologie devant la science.* Berg-Balibaste. 1976. 306 pages.

21. Collectif. *Encyclopédie de la divination*. Henri Verrier. 1973. 544 pages.
22. Collectif. *Les pensées communicantes*. Tchou. 1976. 291 pages.
23. Collectif. *Aspects de la Chine*. Trois tomes. P.U.F (publications du musée Guimet). 1959. 641 pages.
24. Dalet R. *Sauvegardez vous-même votre santé...* Trévise. 1979. 158 pages.
25. Dalet R. *Supprimez vous-même vos douleurs...* Trévise. 1978. 159 pages.
26. Daniaud J. et Coll. *Stimulothérapie cutanée*. Maloine. 1964. 661 pages.
27. Darras J.C. *Chrono-acupuncture*. S.N.P.M. 1977. 43 pages + 1 disque.
28. De la Füye R. *L'acupuncture*. P.U.F. 1956. 127 pages.
29. Delsol P. *Horoscopes chinois*. Éditions du jour. 1970. 151 pages.
30. Demieville P. *Matériaux pour l'enseignement du chinois*. Maisonneuve. 1963.
31. Downing G. et Kent Rush A. *Le massage euphorique*. Hachette. 1979. 189 pages.
32. Elliott M.F. *Les massages relaxants*. Retz. 1979. 189 pages.
33. Fleg E. *La Cabbale. Pages classées du Zohar*. Éditions Chant Nouveau. 1946. 243 pages.
34. Gall M. *Le Yi-King, la Bible des Chinois*. Robert Laffont. 1980. 331 pages.
35. Gauquelin M. *Nos rythmes vitaux*. Retz. 1979. 221 pages.
36. Gorny L. *La Kabbale*. Belfond. 1977. 316 pages.
37. Granet M. *La pensée chinoise*. Albin Michel. 1968. 564 pages.
38. Granet M. *La civilisation chinoise*. Albin Michel. 1968. 505 pages.
39. Grobglas A. et Lévy J. *Traité d'acupuncture auriculaire*. Publi Réal. 1975. 237 pages.
40. Groupe Lacretelle. *Trajets*. Maloine.
41. Grouset R. *Histoire de la Chine*. Arthème Fayard. 1942. 428 pages.
42. Harfeld. *Opinions chinoises sur les barbares d'Occident*. Plon-Nourrit. 1909. 307 pages.
43. Huard P. et Ming Wong. *La médecine chinoise au cours des siècles*. Dacosta. 1959. 190 pages.
44. Huguet C. *Acupuncture et arts martiaux*. Maisonneuve. 1972. 285 pages.
45. Humana C. et Wang Hu. *Le Ying Yang*. Albin Michel. 1973. 283 pages.

46. Huttin S. *Les secrets du tantrisme.* Marabout. 1973. 248 pages.

47. Institut de médecine de Changaï. *Cahier d'explication pour les planches d'acupuncture.* Éditions du peuple. 1975. 61 pages.

48. Institut des Hautes Études de Belgique. *Colloque de sinologie.* I.H.E.B. 1970. 165 pages.

49. Lao Tseu. *Tao Te King.* Gallimard. 1967. 188 pages.

50. Lavier J. *Histoire, doctrine et pratique de l'acupuncture.* Marabout. 1973. 311 pages.

51. Loux F. *Le corps dans la tradition populaire.* Berger-Levrault. 1979. 78 pages.

52. Malnic E. *Acupuncture.* Seuil. 2003. 184 pages.

53. Martiny M. *Hippocrate et la médecine.* Arthème Fayard. 1964. 362 pages.

54. Maspero R. *Le taoïsme.* S.A.E.P. (publications du musée Guimet). 1950. 264 pages.

55. Mesmer F.A. *Le magnétisme animal.* Payot. 1971. 407 pages.

56. Musat-Grison. *Nan King.* Masson. 1979. 242 pages.

57. Mussat M. *L'étudiant et l'acupuncture.* Le François. 1979. 144 pages.

58. Mussat M. *Physique de l'acupuncture.* Le François. 1972. 143 pages.

59. Mussat M. *Les réseaux d'acupuncture.* Le François. 1974. 448 pages.

60. Namikoshi T. *Théorie et pratique du Shiatsu.* Le Prato. 1979. 90 pages.

61. Needham *La tradition scientifique chinoise.* Hermann. 1974. 306 pages.

62. Needham J. *La science chinoise et l'Occident.* Seuil. 1969. 252 pages.

63. Niboyet J.E.R. *L'anesthésie par acupuncture.* Maisonneuve. 1973. 433 pages.

64. Niboyet J.E.R. *Traité d'acupuncture.* Trois tomes. Maisonneuve. 1970. 1187 pages.

65. Nogier P. et R. *L'homme dans l'oreille.* Maisonneuve. 1979. 255 pages.

66. Ohashi W. *Le livre du shiatsu.* L'étincelle. 1977. 155 pages.

67. Ottino Hiria. *Dictionnaire de médecine chinoise.* Larousse. 2001. 334 pages.

68. Poujol J.P. *Acupuncture pratique.* Ecodif. 1977. 315 pages.

69. Quaglia-Senta A. *L'acupuncture chinoise.* Maisonneuve. 1969. 301 pages.

70. Requena Y. *Terrains et pathologie en acupuncture.* Maloine. 1980. 464 pages.
71. Revue Ciba. *Médecine et mesure du temps.* Ciba. 1940. 30 pages.
72. Roustan C. *Traité d'acupuncture.* Deux tomes. Masson. 1978.
73. Rubin M. *Manuel d'acupuncture vétérinaire.* Maloine. 1976. 85 pages.
74. Santaro M. *La médecine traditionnelle chinoise.* Le Houarno. 1972. 16 pages.
75. Sherman H. *« Wonders », Healers of the Philippines.* Psychic Press London. 1967. 328 pages.
76. Smith A.H. *Mœurs curieuses des Chinois.* Payot. 1935. 311 pages.
77. Soulié de Morant G. *Précis de la vraie acupuncture chinoise.* Éditions Select. 1974. 201 pages.
78. Stoianovski D. *Guide d'acupuncture et de moxibustion* (en russe). Kichinev. 1977. 255 pages.
79. Van Baaren Th. *Les religions d'Asie.* Marabout. 1962. 186 pages.
80. Van Goldsenhoven J. *Héros et divinités de la Chine.* De Tijdstom Lochen. 1971. 194 pages.
81. Van Gulik R. *La vie sexuelle en Chine ancienne.* Gallimard. 1971. 466 pages.
82. Van Praag H. *Sagesse de la Chine.* Marabout. 1966. 217 pages.
83. Vissière. *Lettres édifiantes et curieuses de Chine.* Garnier-Flammarion. 1979. 502 pages.
84. Watts A.W. *Le bouddhisme zen.* Payot. 1978. 228 pages.
85. Wong Ming *La médecine chinoise par les plantes.* Tchou. 1976. 278 pages.
86. Yukiko et Wagenvoord. *L'acupuncture sans aiguilles.* Tchou. 1976. 255 pages.
87. Zitoun J. *Acupuncture et arts martiaux.* Revue Le mensuel du médecin acupuncteur. Avril 1979. 14 pages.

Index

Index

Index

Index

Table des matières

Table des matières

L'acupuncture

Dans le cadre de sa politique de développement durable,
Jouve initie en 2007 une démarche visant à la certification ISO 14001.
Cet ouvrage est imprimé sur papiers Amber Graphic des papeteries Arctic Paper pour l'intérieur et Ensocoat des papeteries Stora Enso pour la couverture. Ces papiers sont fabriqués sur des sites papetiers certifiés ISO 14001 et enregistrés EMAS à partir de fibres d'origine de forêts gérées de manière durable.

Imprimé en France. - JOUVE, 11, bd de Sébastopol, 75001 PARIS
N° 450935U - Dépôt légal : Février 2008